Weinbaupolitik in Deutschland

Der Gesetzgebungsprozess zum 71er Weingesetz:

Akteure, Willensbildung und Folgen

Jan Zimmer

DANKE!

Ich möchte es zu Beginn natürlich nicht versäumen, denen zu danken, die an dieser Studie mitbeteiligt waren und mich immer wieder unterstützt haben. Zunächst nenne ich an dieser Stelle meine Eltern Elsbeth und Peter Zimmer, ohne die ich sicherlich nie auf die Idee gekommen wäre, eine Analyse über den Weinbau und dessen Gesetzgebung zu schreiben – sie besitzen und bewirtschaften ein Weingut in meinem Heimatort Neef an der Mosel. Herzlichen Dank auch an meinen Bruder Thorsten Zimmer, der immer wieder durch seine Kritik und seine Korrekturen zum Gelingen dieser Studie beigetragen hat. Danke sagen möchte ich aber auch meiner Freundin Sandra, die mich in der Zeit meines Examens unterstützt und angetrieben hat.

Über den Autor:

JAN ZIMMER M.A., geboren 1976 in Zell an der Mosel, studierte an der Johannes Gutenberg-Universität Mainz Politikwissenschaften, Soziologie und Öffentliches Recht, von August 2003 bis März 2004 wissenschaftlicher Mitarbeiter von Peter Bleser, MdB; seit April 2004 Kreisgeschäftsführer der CDU im Landkreis Cochem-Zell.

Jan Zimmer

WEINBAUPOLITIK IN DEUTSCHLAND

Der Gesetzgebungsprozess zum 71er-Weingesetz:
Akteure, Willensbildung und Folgen

ibidem-Verlag
Stuttgart

Bibliografische Information Der Deutschen Bibliothek

Die Deutsche Bibliothek verzeichnet diese Publikation in der Deutschen Nationalbibliografie; detaillierte bibliografische Daten sind im Internet über <http://dnb.ddb.de> abrufbar.

∞
Gedruckt auf alterungsbeständigem, säurefreien Papier
Printed on acid-free paper

ISBN: 3-89821-358-7
© *ibidem*-Verlag
Stuttgart 2004
Alle Rechte vorbehalten

Das Werk einschließlich aller seiner Teile ist urheberrechtlich geschützt. Jede Verwertung außerhalb der engen Grenzen des Urheberrechtsgesetzes ist ohne Zustimmung des Verlages unzulässig und strafbar. Dies gilt insbesondere für Vervielfältigungen, Übersetzungen, Mikroverfilmungen und elektronische Speicherformen sowie die Einspeicherung und Verarbeitung in elektronischen Systemen.

Printed in Germany

Inhaltsverzeichnis

Abbildungs- und Tabellenverzeichnis ... 7

Einleitung und Stand der Forschung ... 8

1. Rahmenbedingungen der Weingesetzgebung ... 13
1.1. Die historischen Rahmenbedingungen ... 13
1.2. Die Deutsche Weinwirtschaft im Allgemeinen ... 15
1.3. Die politischen Rahmenbedingungen ... 18
1.3.1. Das Weingesetz von 1969 ... 18
1.3.2. Die EWG ... 20
1.4. Warum also ein neues Weingesetz? ... 24
1.5. Rheinland-Pfalz ... 26

2. Die Vorbereitungsphase ... 29
2.1. Vom Referentenentwurf zum Regierungsentwurf ... 29
2.2. Meinungen zum Regierungsentwurf ... 36

3. Der parlamentarische Gesetzgebungsprozess ... 45
3.1. Die Gesetzeseinbringung in den Bundesrat ... 45
3.1.1. Begründung der Bundesregierung ... 46
3.1.2. Der Gesetzentwurf im Bundesrat ... 47
3.2. Der Gesetzentwurf im Bundestag – Erste Beratung ... 49
3.2.1. Die Ausschussphase im Bundestag ... 53

3.2.2.	Der UA-Weingesetz	55
3.2.3.	Die Beratungen im UA-Weingesetz	57
3.2.4.	Die Stellungnahmen	59
3.2.5.	Die weiteren Beratungen im UA-Weingesetz	63
3.2.6.	Zweite und dritte Lesung im Bundestag	68
3.3.	Die zweite Beratung im Bundesrat	69
3.4.	Vermittlungsverfahren und Verabschiedung des Weingesetzes	72
4.	Weinbaupolitik nach dem Weingesetz von 1971	75
4.1.	Grundsätzliche Überlegungen	75
4.2.	Die unmittelbare Zeit nach dem Erlass des 1971er Weingesetzes	77
4.3.	Maßnahmen in den 70er Jahren	78
4.4.	Die Weinwirtschaft in den 80er Jahren	82
4.5.	Maßnahmen in den 80er Jahren	84
4.6.	Die Weinwirtschaft von 1990 bis heute	87
4.7.	Maßnahmen in den 90er Jahren	90
5.	Zusammenfassung und Resümee	93
6.	Literaturverzeichnis	101

Abbildungs- und Tabellenverzeichnis

Abbildung 1 89

Eigene Grafik nach:
Statistisches Landesamt Rheinland-Pfalz (Hrsg.): Statistisches Taschenbuch
Rheinland-Pfalz 2000. Bad Ems 2000, S. 110 ff.

Abbildung 2 89

Eigene Grafik nach:
Statistisches Landesamt Rheinland-Pfalz (Hrsg.): Statistisches Taschenbuch
Rheinland-Pfalz 2000. Bad Ems 2000, S. 110 ff.

Tabelle 1 56

Eigene Zusammenstellung aus den Mitgliederlisten der Ausschüsse

Tabelle 2 76
Koch, Hans-Jörg: Weingesetz. Kommentar. Frankfurt am Main 1990, S. 17ff.

Tabelle 3: 82

Auszug aus der Tabelle: www.statistik.rlp.de/landwirtschaft/lanweinmost.htm
(aufgerufen am 13.12.02)

Einleitung und Stand der Forschung

Wein und Deutschland – zwei eng miteinander verbundene Begriffe. Betrachtet man die deutsche Geschichte, so spielt Wein schon seit 2000 Jahren eine nicht unbedeutende Rolle im Land. Bis zur Mitte des 17. Jahrhunderts, so schreibt die Geschichtswissenschaft, war Wein eines der maßgeblichsten Getränke. »Rebbau bestand von den Alpen bis zur Ostsee, vom Rhein bis nach Ostpreußen.«[1] Im weiteren Verlaufe der Zeit begrenzte sich aus Qualitätsgründen die Anbaufläche auf die der heute noch bestehenden Weinbaugebiete. Aus diesem Prozess heraus ergaben sich viele kleine und kleinste Gemarkungen, die jede für sich eine Spezialität[2] hervorbrachten. Diese qualitative Individualisierung des Weines stellt die Grundlage der ersten Weingesetzgebung[3] dar, wodurch der Schutz der hohen Qualität gesichert werden sollte.

Die gesetzliche Sicherung der Qualität des Weines hat also eine sehr lange Tradition in Deutschland. Doch gibt es große Unterschiede in den Zielrichtungen der Weinnormen von damals und heute. Der für die deutsche Weinwirtschaft bedeutendste Wandel hat sich mit dem Übergang in den supranationalen, europaweit einheitlich geregelten Markt vollzogen. Das Weingesetz von 1971 ist das erste Gesetz, das explizit mit den gemeinsamen europäischen Normen verbunden ist. Der Weg zu diesem Gesetz war ein viel diskutierter, sodass es sich aus politikwissenschaftlicher Sicht lohnt, den Prozess der Gesetzgebung näher zu beleuchten und die Rollen der einzelnen Beteiligten näher zu analysieren. Da seit 1971 aber schon über 30 Jahre vergangen sind und sich die Auswirkungen des Gesetzes rückblickend betrachten lassen, beschäftigt sich die Arbeit auch mit der dem Gesetz nachfolgenden Zeit.

---
[1] Renz, Fritz: Eigenständige Entwicklung der mitgliedsstaatlichen Weinrechte im System der europäischen Integration. In: Institut für Weinrecht der Gesellschaft für Rechtspolitik (Hrsg.): EWR - Schriftenreihe zum europäischen Weinrecht. Trier 1/80, S. 55.

[2] Auf Grund der unterschiedlichen klimatischen Bedingungen und der jeweiligen Bodenbeschaffenheit hat jeder dieser Weine seinen speziellen Charakter und Geschmack.

[3] In diesem Fall ist sich die Literatur nicht einig über die ersten Normen, die die Gesundheit schütz
ten. Koch spricht im Zusammenhang mit ersten gesundheitspolizeilichen Regelungen von der „Ordnung und Satzung über Wein", die Maximilian I. auf dem Reichstag zu Freiburg i. Br. schon 1498 erlassen haben soll. Andere Meinungen sehen das Gesetz von 1892 als die erste Norm in diesem Zusammenhang an. Vgl. Koch, Hans-Jörg: Zur Entwicklung und Situation des in der Bundesrepublik Deutschland geltenden Weinrechts. In: Institut für Weinrecht der Gesellschaft für Rechtspolitik (Hrsg.): EWR - Schriftenreihe zum europäischen Weinrecht. Trier 7/79, S. 11.

Hierzu werden im ersten Teil der Arbeit zunächst die historischen Rahmenbedingungen der Weingesetzgebung bis zum Betrachtungszeitraum dargestellt. Dieses ist notwendig, weil sich die Grundstrukturen der Gesetzgebung über den Wein in nicht unbeträchtlichem Maße verändert haben. Angefangen vom ersten Weingesetz im heutigen Sinne, welches 1892 erlassen wurde, über das Gesetz von 1901, bis hin zum Weingesetz von 1909, waren alle diese - wenn auch modernen Gesetze - keine Normen, die mit dem in der Arbeit zu betrachtenden Gesetz vergleichbar wären. Die oben angesprochenen drei Gesetze dienten nur dem Schutz des Verbrauchers und beschäftigten sich mit der Herstellung des Getränkes Wein. Einer der wesentlichen Punkte, der den genannten Gesetzen zur Vollständigkeit im heutigen Sinne fehlte, war der der marktpolitischen Regelung. Über den Handel und die wirtschaftlichen Bedingungen für den Handel mit Wein sagten die drei Gesetze nichts aus.

Diese wirtschaftspolitischen Zusätze wurden erst mit dem Weingesetz von 1930 erreicht, welches ebenfalls im ersten Teil der vorliegenden Arbeit kurz dargestellt wird. Erste marktpolitische Regelungen - wie z.B. der Schutz des inländischen Weinmarktes vor der Überschwemmung mit ausländischem Wein - wurden getroffen.

Weiterhin beschäftigt sich der erste Teil mit den für die weitere Gesetzgebung sehr bedeutenden politischen Rahmenbedingungen. Die Vorstellungen der Betroffenen werden nur verstehbar, wenn man sich zunächst einen Überblick über die Lage der deutschen Weinwirtschaft verschafft. Geographische Gegebenheiten, Betriebsstrukturen und letztlich der Markt als bestimmender Faktor werden im Überblick behandelt.

Das 1969 sehr schleppend eingeführte Weingesetz, das am 23. April 1971 in Kraft treten sollte, erschien im größten Teil widersprüchlich zu den Regelungen der EWG. Dieses Weingesetz vertrat jedoch die wichtigsten deutschen Gesichtspunkte einer Weingesetzgebung, die eigentlich niemand aus der Weinbranche wieder hergeben wollte. Aus diesem Grund war man von deutscher Seite her bemüht, die hierin festgelegten Grundsätze der deutschen Gesetzgebung auch auf EWG-Ebene durchzusetzen und so wenig wie möglich Souveränität in Sachen Weingesetzgebung herzugeben. Weiterhin wird in diesem Teil die europäische Regelung, die EWG-Weinmarktorganisation, kurz erläutert, die nämlich der Auslöser für ein neues Weingesetz in Deutschland war. Auf diese Darstellung aufbauend sollen dann die Widersprüche zwischen dem neuen deutschen Weingesetz von 1969 und der EWG-Weinmarkordnung gezeigt werden.

Da in der vorliegenden Arbeit die Haltung des größten deutschen Weinanbaugebietes, Rheinland-Pfalz, zu den zuvor geschilderten Problemen aufgezeigt werden soll, wird in einem abschließenden Kapitel die Haltung dieses Landes gesondert dargestellt.

Der zweite Teil der Arbeit beschäftigt sich mit den ersten Ideen zum neuen Weingesetz. Ausgehend vom ersten Referentenentwurf des damals zuständigen Bundesgesundheitsministeriums bis hin zum fertigen Regierungsentwurf betrachtet und erläutert die Arbeit die Vorgehensweise des Gesetzgebungsverfahrens vor der parlamentarischen Phase.

Hierauf aufbauend werden dann die Meinungen der Beteiligten geschildert und letztlich auf die Möglichkeit ihrer Durchsetzung hin überprüft. Auch hier kommt es wiederum zu einer getrennten Betrachtung der betroffenen nicht-staatlichen Akteure sowie des Bundeslandes Rheinland-Pfalz.

Der dritte Teil beschäftigt sich mit dem parlamentarischen Prozess hin zum Weingesetz. Zunächst werden die Grundlagen der Gesetzgebung dargestellt. Im weiteren Verlauf folgt die getrennte Betrachtung der einzelnen gesetzgebenden Institutionen, die sich bis zur Verkündung des Weingesetzes am 16.07.1971 damit beschäftigt haben. Zu nennen sind hier der Bundesrat, der Bundestag und die jeweiligen Ausschüsse dieser Organe, sowie der gemeinsame Vermittlungsausschuss des Bundestages und des Bundesrates nach Art. 77 GG, der sich nach Anrufung durch den Bundesrat mit dem Weingesetz beschäftigt hat. Ein besonderer Blick wird in dieser Betrachtung wiederum auf die Haltung von Rheinland-Pfalz geworfen. Das Bundesland war zu diesem Zeitpunkt der größte Meinungsmacher in Sachen Weingesetzgebung. Als Bundesland mit den meisten Weinbaubetrieben und der größten Weinanbaufläche stand ihm eine solche Rolle zu.

Abschließend kommt es in diesem Kapitel zu einer zusammenfassenden Betrachtung des Einflusses der zuvor erwähnten und betrachteten Organe der bundesdeutschen Gesetzgebung.

Da seit dem Weingesetz von 1971 nunmehr über dreißig Jahre vergangen sind, in denen die Weingesetzgebung ständig und unermüdlich modifziert wurde, soll im vierten Teil der Arbeit der Zeitraum zwischen dem Weingesetz von 1971 und der Gegenwart untersucht werden. Gerade nach dem Übergang des deutschen Weinbaus in den europäischen Wirtschaftsmarkt war die deutsche Weinbaupolitik auf eine harte Bewährungsprobe gestellt. Sie musste die nationalen Interessen soweit wie möglich in die europäischen Normen einfassen und durfte dabei nie die Lobby der Winzer unterschätzen. Es kam nach der Verabschiedung des Weingesetzes von 1971 zu zahlreichen Verordnungen auf dem Gebiet des Weinbaus, die die Winzer alle berücksichtigen mussten. Ein wahrer Gesetzes- und Verordnungsdschungel hat es den Winzern im Laufe der Zeit schwer gemacht, sich mit den Gedanken und Zielen der EWG anzufreunden. Im Jahre 1994 kam es schließlich wieder zu einem neuen Weingesetz, das den veränderten Bedingungen und Anforderungen der EU angepasst wurde.

Stand der Forschung

Weinbaupolitik in der Bundesrepublik Deutschland ist kein Thema, das tagtäglich Gegenstand der wissenschaftlichen Diskussion ist. Aus diesem Grund ist die Suche nach geeigneter Literatur zum Thema sehr schwer. Wissenschaftliche und vor allem politikwissenschaftliche Veröffentlichungen, die sich mit der bundesdeutschen Weinbaupolitik beschäftigen, lassen sich kaum finden. Die Arbeit von WEHLING[4] von 1971 ist eine dieser wenigen politikwissenschaftlichen Untersuchungen, die sich mit dem Thema der Weingesetzgebung beschäftigt. Da das in dieser Arbeit betrachtete Gesetz[5] nie in Kraft getreten ist, ist es nötig, Gründe hierfür zu finden und den weiteren Fortgang in der Weingesetzgebung nach 1969 wissenschaftlich zu betrachten. Dies soll mit der vorliegenden Arbeit geschehen.

Die Quellenlage kann man als gut bezeichnen, da nahezu alle Protokolle der am Gesetz beteiligten Institutionen veröffentlicht sind. Die im Parlamentsarchiv Bonn vorliegende Materialiensammlung zum Weingesetz von 1971 bildet eine gute Ausgangsbasis. Die Fachzeitschriften stellen in kompetenter Weise die jeweiligen Situationen dar und verdeutlichen durch die Veröffentlichung von Stellungnahmen die Meinung der betroffenen Verbände. Namentlich die Zeitschrift »Der Deutsche Weinbau« spiegelt als offizielles Organ des deutschen Weinbauverbandes in sehr guter und ausführlicher Weise die Meinung und deren Findung innerhalb des Verbandes wider.

---

[4] Wehling, Hans-Georg: Die politische Willensbildung auf dem Gebiet der Weinwirtschaft – dargestellt am Beispiel der Weingesetzgebung, Göppingen 1971.
[5] Das Weingesetz von 1969 wurde zwar ordnungsgemäß von allen nationalen Gremien verabschiedet, auf Grund der supranationalen EWG-Regelungen, konnte es nie in Kraft treten, da es zu diesen EWG-Normen teilweise in Widerspruch stand.

1. Rahmenbedingungen der Weingesetzgebung

1.1. Die historischen Rahmenbedingungen

In den ersten weinrechtlichen Regelungen ging es dem Gesetzgeber zunächst nur darum, den Weintrinker vor gesundheitsschädigenden Zusätzen zu bewahren.[6] Eine marktordnende oder wirtschaftspolitische Ausrichtung der Normen war dieser frühen Form der weinrechtlichen Gesetzgebung fremd. Erst zu Beginn des 20. Jahrhunderts wurden Gesetze erlassen, die den Begriff des Weinrechts im heutigen Sinne einnehmen können. Erstmals wurde am 20. April 1892 ein Weingesetz verabschiedet, das sich auch mit Themen wie der Bezeichnung von Wein und der Weinbehandlung beschäftigte[7]. Mit diesem ersten Weingesetz im modernen Sinne wurden aber auch die notwendigen Strafmaßnahmen geregelt, die sich im Zusammenhang mit der Weinbereitung und dem Vertrieb des Weines ergaben.[8] Zwei weitere Weingesetze, die auf die oben angesprochene Entwicklung abgestimmt waren, folgten in den Jahren 1901 und 1909. Der Grundtenor dieser Gesetze war also immer auf »die Ordnung von Getränkeherstellung und- vertrieb gerichtet«[9] weswegen sie auch immer als ein Sondergebiet des Lebensmittelrechts galten.

Erst als aus wirtschaftspolitischen Gründen das Weingesetz vom 25. Juli 1930 Wirklichkeit wurde, konnte man von einem Weingesetz mit wirtschaftlicher Prägung sprechen.[10] Dieses Gesetz beschränkte zum Schutze des deutschen Weinbaus die Einfuhr von ausländischen Weinen in das Gebiet des Deutschen Reichs und förderte so den Absatz des einheimischen Weines. Die nun zu beachtenden wirtschaftspolitischen Regelungen verdrängten Teile der bis dato gekannten Bezeichnungs- und Verschnittparagraphen der vorangegangenen Weingesetze. Aufgrund der allgemeinen Lage und dem sicherlich für die damaligen Winzer erfreulichen Schutz vor Auslandsweinen[11]

---

[6] Vgl. Koch, Hans-Jörg [FN 3] S. 11.
[7] Hierzu zählte die Verbesserung, sprich Zuckerung von Weinen, der Verschnitt von verschiedenen Weinen oder die Zulässigkeit neuer Behandlungsmethoden und –stoffe.
[8] Vgl. Koch, Hans-Jörg [FN 3] S. 12.
[9] Renz, F und H. Neumann: Das neue Weinrecht. Weingesetz 1969 und zugehöriger Rechtsstoff, Stuttgart 1969, S. 103.
[10] Koch, Hans-Jörg: Weingesetz. Neustadt 1970, S. 107.
[11] Bei der Einfuhr von ausländischem Wein mussten die jeweiligen Importeure Schutzzölle an den Staat zahlen. Diese schützten den nationalen Markt vor Überschwemmung mit billigerem Auslandswein, dessen Konkurrenz die deutschen Winzer schon immer fürchteten.

bewährte sich das Gesetz im Allgemeinen, auch wenn es wegen mangelnder Kontrollmöglichkeiten oft zu Verstößen hiergegen kam.[12]
Mit den durch die Ausführung dieses Gesetzes verbundenen Veränderungen der Entwicklung auf dem Weinmarkt lässt sich eine Wandlung der Produktions- und Absatzverhältnisse beobachten, die durch neue Formen von Firmenzusammenlegungen und neue Vermarktungsstrategien gekennzeichnet war.[13]
Im Laufe der Jahre nach 1930 und speziell nach Kriegsende wechselten aber erneut die Strukturen, sodass die Weingesetzgebung den neuen Rahmenbedingungen abermals angepasst werden musste. Dies geschah nicht in Form eines völlig neuen Weingesetzes - eine Anpassung des geltenden Rechts erfolgte lediglich durch den Erlass von zahlreichen, der jeweiligen Situation entsprechenden Rechtsverordnungen, deren Basis jedoch immer noch das Gesetz vom 25. Juli 1930 war.
Hierdurch entstand im Zeitraum nach 1930 eine Rechtsunsicherheit bei den Betroffenen[14]. Nicht nur die Winzer forderten ein neues Weingesetz, sondern auch die Strafkammern, die sich in den immer wieder ändernden, das 1930er Weingesetz korrigierenden Verordnungen nicht mehr zurechtfanden. Hierdurch war es unterdessen zu Unterschieden in der Gesetzesauslegung und zu Lücken in der Rechtssprechung gekommen. Weiterhin schien das Weingesetz von 1930 samt seiner zahlreichen Ausführungsverordnungen im Bereich der gesundheitspolitischen Regelungen nicht mehr zeitgemäß zu sein.[15] Der Schutz des Verbrauchers vor Täuschungen und unzulässigen Zusätzen zum Wein war mithin schlecht geregelt und konnte somit nicht oder nur unzureichend kontrolliert werden.
Letztlich hat die gesamtpolitische Entwicklung in Europa einen weiteren Ausschlag zur Schaffung eines neuen Weingesetzes gegeben. Die Unterzeichnung der Römischen Verträge von 1957[16] und der hierdurch entstehende gemeinsame *europäische* Markt führten dazu, dass eine bloße Überarbeitung des bestehenden Weingesetzes

---

[12] Vgl. Koch, Hans-Jörg [FN 10] S. 107.
[13] Vgl. Koch, Hans-Jörg [FN 3] S. 12.
[14] Auf Grund der zahlreichen und schnellen Wechsel einiger den Wein betreffender Normen wussten die Betroffenen nicht, welche Verordnung nun galt. Eine Verordnung, die im Monat vorher galt, konnte in diesem Monat schon wieder hinfällig geworden sein.
[15] Vgl. Koch, Hans-Jörg [FN 10] S. 108.
[16] Am 25. März 1957 unterzeichneten Belgien, die Niederlande, Luxemburg, Italien, Frankreich und die Bundesrepublik Deutschland in Rom den Vertrag zur Gründung der Europäischen Wirtschaftsgemeinschaft. Hiermit wurden auch für die Weinwirtschaft die Weichen für die Errichtung eines gemeinsamen Marktes weitestgehend gestellt.

und seiner Durchführungsverordnungen hinfällig wurde. Die wirtschaftliche, aber auch die technische und gesundheitspolitische Entwicklung war dem Gesetz enteilt.[17] Für den Gesetzgeber, die Weinwirtschaft und die Weinbaubetreibenden selbst war es notwendig geworden, ein neues, den veränderten Strukturen angepasstes, Gesetz zu schaffen.

1.2. Die Deutsche Weinwirtschaft im Allgemeinen

Die Diskussionen um ein neues deutsches Weingesetz und der Willensbildungsprozess im Zusammenhang seiner Entstehung, sind nur zu verstehen, wenn man sich zunächst ein Bild von der Situation der deutschen Weinwirtschaft macht. Angefangen mit den speziellen geographischen Gegebenheiten über die Betriebsstrukturen bis hin zum aktuellen Markt, finden sich zahlreiche Faktoren, die Kernstücke in der Diskussion um ein neues Weingesetz sind.

Geographische Lage:

Die Weinrebe stellt sehr hohe klimatische Ansprüche. Hieraus ergibt sich die logische Folge, dass Wein nur in solchen Ländern angebaut werden kann, die die nötigen klimatischen Bedingungen erfüllen. Im Allgemeinen findet man aus eben diesem Grund Weinbau nur in den gemäßigten Zonen. Die maximale nördliche Breite zum Anbau von Wein liegt beim 50. Breitengrad. Allerdings lassen sich in Europa einige wenige Weinanbaugebiete finden, die sich bis zum 52. Breitengrad ausgedehnt haben. Die geographische Lage der deutschen Weinanbaugebiete, die zum Teil nördlicher als der 50. Breitengrad[18] liegen, stellt eines der Grundprobleme des hiesigen Weinbaus dar. Weinbau ist an diesen Standorten nur aufgrund der Flusslandschaften möglich, in deren Tälern sich eigene Mikroklimate entwickeln, die denen der südlichen Regionen ähnlich sind. Untersuchungen im Rheingau haben gezeigt, dass die

---

[17] Durch einen immer weiter geöffneten Markt, nicht nur europaweit, sondern weltweit, musste der Gesetzgeber neue Regelungen schaffen, die die zunehmende Globalisierung berücksichtigten. Die Entwicklung immer neuerer Zusätze für Wein und die sich immer wieder ändernden Behandlungsmethoden machten eine gesetzliche Regelungen dieser Zusätze notwenig.
[18] Um eine genauere Vorstellung der geographischen Lage zu bekommen, seien einige der Weinbaugebiete und deren Lage genannt: Das Anbaugebiet Südbaden liegt bei etwa 48° nördlicher Breite, der Rheingau liegt an der Grenze des 50 Breitengrades (nördlicher Breite).

Mindestanforderungen[19] an die Mostgewichte, die im Weinwirtschaftsgesetz[20] von 1961 festgelegt wurden, nur in den Jahren erreicht wurden, in denen der Wärmegewinn aus der Sonnenstrahlung mindestens 48 000 cal/cm² betrug. Da in den deutschen Weinanbaugebieten jedoch keine einheitlichen bzw. beständigen Klimate vorherrschen, ist es nicht möglich, in jedem Jahr gleiche Weine zu produzieren.[21] Hieraus ergab sich die Forderung der deutschen Weinbaupolitik und der hiesigen Weinpraktiker, die starken regionalen Disparitäten innerhalb des Weinanbaus in Europa stärker zu berücksichtigen.

Gerade aber die erwähnten Flusslandschaften mit ihren Steilhängen machen es den Winzern schwer, ihre Arbeit zu verrichten. Der Einsatz von Maschinen war um 1970 äußerst schwierig – hier half weder Pferd noch Traktor. Sämtliche Arbeiten mussten mit der Hand gemacht werden, was betriebswirtschaftlich gesehen natürlich immer weniger lohnend erschien.

Betriebstrukturen

Die Steilhänge und die Schwierigkeiten ihrer Bebauung bedingten auch die geringe Größe der betreffenden Weingüter. Eine Vergrößerung der Fläche auf ein lohnendes bzw. mit Konkurrenten anderer Anbaugebiete vergleichbares Maß schien damals schier unmöglich gewesen zu sein, da die Winzer die Arbeit nicht hätten bewältigen können. Hieraus ergibt sich eine Besonderheit des deutschen Weinbaus. »Im Unterschied zu anderen weinbaubetreibenden Ländern befinden sich die Weinberge als Erzeugungsgrundlage nicht im Eigentum von wenigen großen Firmen und die Weinherstellung und damit das Primärangebot sind nicht auf wenige Großkellereien konzentriert, sondern mehr als 100 000 Einzelpersonen sind Eigentümer der deutschen Anbaufläche von 90 000 ha.«[22]

---

[19] Nach dem Weinwirtschaftsgesetz durfte Wein nur in solche Lagen angebaut werden, auf denen im zehnjährigen Durchschnitt Wein mit gewissen Mindestmostgewichten geerntet wurde.
[20] Das Weinwirtschaftsgesetz entstand aus ersten nationalen marktordnerischen Überlegungen heraus. Zentrale Punkte waren die neue Anbauregelung und die Schaffung des Stabilisierungsfonds für Wein.
[21] Vgl. Horney, Günther: Wetter und Klima. in: Ambrosi, Hans; Becker, Helmut (Hrsg.): Der Deutsche Wein. München 1978, S. 69.
[22] Michel, Franz Werner: Weinverkauf und Weinverbrauch. in: Ambrosi, Hans; Becker, Helmut (Hrsg.): Der Deutsche Wein. München 1978, S. 257.

Gerade die Mosel galt in dieser Zeit als ein unrentables Weinanbaugebiet. Gemessen an der Rebfläche konnte man hier im Jahre 1964 lediglich 2000 Betriebe zählen, die den Weinanbau im Vollerwerb betrieben haben.[23] In der Pfalz waren es zum gleichen Zeitpunkt 5300. Hinzu kommt, dass durch die Steilhänge die Erzeugungskosten im Vergleich zu den anderen Weinanbaugebieten stetig stiegen. Für die Mosel hat die Weinbauerhebung im Jahr 1964 ein Mittel von ca. 13.000 bis 14.000 DM pro Hektar errechnet. Die Kosten in der Pfalz belaufen sich auf 7000 bis 8000 DM pro Hektar.

Markt

»Trotz der konjunkturellen Schwankungen zeigt die Verbrauchermarktnachfrage eine stetige und gleichmäßige Steigerung bis auf 9,5 Mill. Hektoliter bzw. durchschnittlich 16 Liter je Einwohner im Jahre 1968.«[24] Auch die Preise hatten sich im Vergleich seit 1966 stabilisiert und auf einem guten Niveau festgesetzt. Im 4-Jahres Vergleich (1964 bis 1968) konnte die Mosel eine Steigerung des Marktanteils von 17 auf 24 % aufweisen, allerdings ließ hier das Preisniveau nach. Auch im Jahre 1969 konnte der allgemeine Trend der Vorjahre beibehalten werden, sodass die Situation in der Weinwirtschaft im Allgemeinen gut und zufrieden stellend war. Die Rekordernte von 1970, die den Winzern ca. 100 Mill. Hektoliter Most einbrachte, belastete den Weinmarkt allerdings, sodass die Weinpreise fielen. Hinzu kamen die Einfuhren aus dem europäischen Ausland, die aufgrund der weggefallenen Zölle günstiger waren als die einheimischen Moste.

Aus dem oben geschilderten Situationsbericht wird ersichtlich, dass sich die deutschen Anbaugebiete schon immer untereinander sehr stark unterschieden und dass die deutsche Weinbaupolitik ein sehr breit gefächertes Interessenspektrum zu vertreten hatte.

---

[23] Zu diesem Ergebnis kommt *Der Deutsche Weinbau 7/1969, S. 206.* Allerdings nimmt der Autor hier eine Betriebsgröße von 1 ha als Kriterium zum Vollerwerb an. Genauso sei es möglich, so heißt es in dem Artikel weiter, die minimale Betriebsgröße zum Vollerwerbsweinbau bei 2 ha anzusetzen. Für die Mosel ergäbe sich dann die Anzahl von 387 Betrieben im Vollerwerb.
[24] Der Deutsche Weinbau 7/1969, S. 722.

1.3. Die politischen Rahmenbedingungen

1.3.1. Das Weingesetz von 1969

Wie in der Einleitung bereits erwähnt, herrschte Anfang der 1960er Jahre unter allen Betroffenen Einigkeit über die Notwendigkeit eines neuen Weingesetzes. Eine bloße Novellierung kam für die zuständigen Behörden nicht mehr in Frage. Die damals zuständige Gesundheitsministerin Schwarzhaupt (CDU) antwortete am 25. Oktober 1962 auf die mündliche Anfrage des Abgeordneten Schultz (FDP): »Mit einer Novelle zum Weingesetz ist es nach unserer Auffassung nicht getan. [...] Die notwendig gewordenen zahlreichen Änderungen der gegenwärtigen Rechtslage würden den Rahmen einer bloßen Novelle leider sprengen.«[25] Im weiteren Verlauf der Debatte gab die Ministerin ihre Zusage, dass das neue Weingesetz noch in der laufenden Legislaturperiode verabschiedet werden könne[26], was sich im Laufe des Verfahrens jedoch als Trugschluss erweisen sollte. Als sich im Januar 1965 das Scheitern des Zeitplans abzeichnete, ergriff der Bundestagsabgeordnete Gibbert (CDU), der zu diesem Zeitpunkt auch Vizepräsident des Deutschen Weinbauverbands war, eine eher ungewöhnliche Initiative. Unter der Mitwirkung von Kollegen aller Fraktionen und im Einvernehmen mit dem zuständigen Bundesministerium für Gesundheitswesen stellte er am 25. Februar 1965 einen umfassenden Initiativantrag[27] im Bundestag. »Als Grundlage des Antrages diente der noch nicht in allen Teilen fertig gestellte, aber vom Bundesjustizministerium schon teilweise rechtsüberprüfte Regierungsentwurf.«[28] Aufgrund der gebotenen Dringlichkeit waren sich alle drei Fraktionen im Deutschen Bundestag über die schnellstmögliche Umsetzung des Antrags einig. Gibbert äußerte sich im *Deutschen Weinbau*: »Gott sei Dank ist das Tauziehen um die Einbringung des Gesetzes zu Ende.«[29] Auch die Vertreter von SPD und FDP zeigten sich zufrieden mit dem eingebrachten Entwurf und stellten klar, dass mit diesem

---

[25] Der Deutsche Weinbau 21/1962, S. 820.
[26] Vgl. ebd.
[27] Laut Art. 76 GG können Initiativanträge aus der Mitte des Bundestages kommen. Diese Anträge verbleiben auch zunächst im Bundestag, was eine erhebliche Zeitersparnis zur Folge hat. Initiativanträge des Bundesrates werden nämlich zunächst zur Stellungnahme an die Bundesregierung weitergeleitet, Anträge der Bundesregierung werden an den Bundesrat geleitet. Hierzu setzt der Art. 76 GG Fristen, die die betreffenden Organe einhalten müssen.
[28] Der Deutsche Weinbau 8/1965, S. 251.
[29] Ebd. S. 258.

Entwurf die Stellung Deutschlands in den Verhandlungen mit der EWG gestärkt worden sei.[30] Oberstes Ziel des Entwurfs für ein neues Weingesetz war nach der Ansicht aller Beteiligten, die deutsche Delegation in Brüssel zu unterstützen und ihr eine gewisse Verhandlungsbasis zu geben, mit der sie die europäischen Wünsche nach einer gemeinsamen Weinmarktorganisation hätte beeinflussen können.

Um die im weiteren Verlauf noch häufiger erwähnten Spannungen zwischen dem deutschen Weingesetz und der europäischen Haltung deutlicher werden zu lassen, ist es notwendig, einen kurzen Überblick über die **Konzeption des Weingesetzes** zu geben.

»Abweichend vom WeinG 1930 beschränkt sich das Weingesetz auf eine Regelung derjenigen Getränke, deren stoffliche Grundlage die Weintraube ist.«[31] Eine Regelung für alle dem Wein ähnlichen Getränke[32] sollte per Rechtsverordnung auf der Basis des Lebensmittelrechts erfolgen.

Aufgrund der immer wieder geforderten Klarheit innerhalb eines neuen Gesetzes wurden die jeweiligen Getränkearten nach In- und Auslandserzeugnissen unterschieden. Aus eben jenem Grund zeichneten sich die einzelnen Abschnitte auch durch eine in sich geschlossene Form aus, sodass es nirgendwo zu einem Verweis auf eine Bestimmung außerhalb des jeweiligen Abschnittes kam.

Die grundlegendste Neuerung, die das Weingesetz von 1969 regeln sollte, befasste sich mit der Reform des Weinbezeichnungsrechts sowie mit den erhöhten Anforderungen an die Qualität des Weines.[33] Fand man in den vorangegangenen Weingesetzen meist nur Vorschriften über die Herstellung des Endproduktes, so erfasste das Weingesetz von 1969 ein viel früheres Stadium. Es stellte bestimmte Mindestanfor-

---

[30] Vgl. ebd. 259.
[31] Koch, Hans-Jörg [FN 10] S. 111.
[32] Weinähnliche Getränke sind Obst- und Fruchtweine, also keine Erzeugnisse im Sinne des Weinrechts. In der Verordnung über bestimmte alkoholartige Getränke vom 29. Januar 1998 werden weinähnliche Getränke im § 10 Abs. 1 definiert. Hiernach sind weinähnliche Getränke alkoholhaltige Getränke, die durch teilweise oder vollständige alkoholische Gärung aus Fruchtsaft, Fruchtmark, jeweils auch in konzentrierter Form, oder Maische von frischen oder mit Kälte haltbar gemachten Früchten, auch in Mischung miteinander, oder aus frischen oder mit Kälte haltbar gemachten Rhabarberstängeln, aus Malzauszügen oder aus Honig sowie im Übrigen nach Maßgabe der Verkehrsauffassung hergestellt werden. Vgl. BGBl I Nr. 8 vom 5. Februar 1998.
[33] Vgl. Koch, Hans-Jörg [FN 10] S. 112.

derungen schon an die Trauben als Ausgangsbasis und sprach von einer »*Qualität am Stock*«. Das Gesetz unterschied aus diesen Gründen zwischen drei unterschiedlichen Klassifizierungen: Tischwein, Qualitätswein und Qualitätswein mit Prädikat. Ihre schriftliche Fixierung fand diese Einteilung in den Paragraphen 11 bis 14.[34] Im Rahmen der genannten Dreiteilung wurde erstmals die amtliche Prüfung der Qualitätsweine erwähnt. Die abschließende Regelung überlies das Gesetz jedoch den einzelnen Länderbehörden, erwähnte aber ausdrücklich auch die vorzunehmende Sinnesprüfung der potentiellen Qualitätsweine.[35]

1.3.2. Die EWG

Während in der Bundesrepublik die Bemühungen um ein neues, den veränderten Bedingungen angepasstes Weingesetz in vollem Gange waren und schließlich 1969 auch zum Ende gebracht wurden, war man parallel zu diesen nationalen Entwicklungen auf der Ebene der EWG ebenfalls damit beschäftigt, eine gemeinsame Regelung für einen einheitlichen europäischen Weinmarkt zu schaffen.[36]

Erste Bemühungen zur abschließenden Herstellung und Regelung eines solchen Marktes stellt der Verordnungsentwurf der Kommission vom 24. Juli 1961[37] über die schrittweise Errichtung einer gemeinsamen Marktordnung für Wein dar. Ab diesem Zeitpunkt wurde den beteiligten Staaten klar, dass die Kommission keine Regelungen in Form einer Richtlinie erlassen wollte, sondern eine Verordnung.[38] Gerade die Bundesrepublik Deutschland war von Beginn an gegen die Durchführung im Sinne einer Verordnung, da dies den nationalen Gesetzgeber in erheblichem Maße einge-

---

[34] Vgl. Gesetz über Wein, Dessertwein, Schaumwein, weinhaltige Getränke und Branntwein aus Wein (Weingesetz) vom 16.07.1969, BGBl. I S.781.
[35] Vgl. ebd. § 13.
[36] Die Grundlage für die Gemeinsame Weinmarktorganisation lag im Vertrag über die Europäische Wirtschaftsgemeinschaft. Hierdurch wurde die wirtschaftliche Integration der sechs Mitgliedsstaaten in einen gemeinsamen Wirtschaftsmarkt, zu dem auch die Landwirtschaft gehört, geregelt. Ziele waren die schrittweise Aufhebung von nationalen Zöllen gegenüber Wirtschaftsgütern anderer Partnerstaaten sowie eine gemeinsame Zoll- und Handelspolitik.
[37] Der Deutsche Weinbau 21/1961, S. 732 ff.
[38] Eine Richtlinie hätte den nationalen Gesetzgebern nur den Rahmen der weingesetzlichen Regelungen gegeben, eine Verordnung hingegen gilt in den Mitgliedsstaaten als unmittelbar geltendes Recht. Das jeweilige nationale Recht wird, falls es hierzu im Widerspruch steht, ungültig. Vgl. Art. 249 Abs. 2 EGV n.F.

schränkt hätte.[39] Alle deutschen Versuche, den europäischen Weinmarkt auf der Basis einer Richtlinie zu regeln, schlugen fehl.

Im Jahre 1962 wurde schließlich die erste Verordnung zur Errichtung eines gemeinsamen europäischen Weinmarktes verabschiedet. Der Ministerrat, der für diese Verordnung zuständig war, fasste seine grundsätzlichen Ziele in Sachen Weinbaupolitik in der Präambel der VO Nr. 24 zusammen:

»Mit dem Funktionieren und der Entwicklung des gemeinsamen Marktes für landwirtschaftliche Erzeugnisse muß die Gestaltung einer gemeinsamen Agrarpolitik Hand in Hand gehen, die vor allem eine gemeinsame Organisation der Agrarmärkte für die einzelnen Erzeugnisse umfassen muß. Die von den einzelnen Mitgliedsstaaten in unserem Staatsgebiet verfolgte Weinpolitik ist jeweils sehr unterschiedlich; unabhängig von der eingeschlagenen Politik sind ständige Überschüsse die Ursache für ernsthafte Schwierigkeiten in der Weinwirtschaft bestimmter Erzeugerländer.

Der Erlös aus der Weinerzeugung bildet einen wesentlichen Bestandteil des landwirtschaftlichen Einkommens; die gemeinsame Marktorganisation muß durch Anpassung der Versorgung an den Bedarf auf eine Stabilisierung der Märkte und der Preise abzielen, wobei insbesondere von der Politik der Qualitätsförderung auszugehen ist.«[40]

Die größte Schwierigkeit, die sich aus dieser Verordnung ergab, lag in der Bestimmung über die Qualitätsweinherstellung. Artikel 4 der VO Nr. 24 besagte, dass bis zum 31. Dezember 1962 eine Verordnung zur Regelung der Qualitätsweinherstellung bestimmter Anbaugebiete erlassen werden sollte. Prinzipiell sprachen sich alle Mitgliedsstaaten für eine solche Regelung aus, da die Herstellung von Wein mit hoher Qualität als das Mittel zur Absatzsteigerung angesehen wurde. Ursprünglich sollte die zu treffende Regelung jedoch stark an die Konzeption des französischen Weinrechts angelehnt werden, nach dem Qualitätsweine nur auf zuvor festgelegten Flächen wachsen durften. Eine Abgrenzung dieser Flächen sollte nach natürlichen Gegebenheiten wie Klima, Boden und Lage erfolgen. Gerade aber eine solche Regelung konnte für die Mitgliedsstaaten Deutschland und Luxemburg nicht annehmbar sein, da sie

---

[39] Vgl. Weidner, Hans-Dieter: Der Begriff des Qualitätsweins und seine Bedeutung im deutschen und französischen Recht, Mainz 1963, S. 138.
[40] Präambel der VO Nr. 24 vom 04.04.1962; Abl. EG 989/62.

die nördlichsten Anbaugebiete der Europäischen Wirtschaftsgemeinschaft beheimateten. »In beiden Staaten sind die Klimaverhältnisse ihrer traditionellen Weinbaugebiete von Jahr zu Jahr großen Schwankungen unterworfen, die sich auch bezüglich des Kleinklimas in den einzelnen Jahren nicht gleichmäßig auf bestimmte Teile eines einzelnen Weinbaugebietes gleichartig auswirken.«[41] Auf Bitten der beiden Staaten entschloss sich der Ministerrat, von der eigentlich angestrebten Ursprungsbezogenheit[42] abzukommen und eine Klassifizierung der Qualitätsweine durch organoleptische Verfahren[43] zuzulassen. Artikel 4 Abs. 2 besagte sinngemäß, dass die Gemeinschaftsregelung für Qualitätsweine bestimmter Anbaugebiete den herkömmlichen Produktionsbedingungen Rechnung tragen müsse, soweit diese nationalen Regelungen die Politik der Qualitätsförderung und die Verwirklichung des gemeinsamen Marktes nicht beeinträchtigen würden.[44] Dieser Kompromiss machte den Weg für weitere gemeinsame gesetzgebende Maßnahmen frei.

Nach den oben erwähnten grundlegenden Regelungen des Ministerrats im Jahre 1962 folgte die nächste wichtige Entscheidung erst vier Jahre später. 1966 entschied der Ministerrat der Europäischen Wirtschaftsgemeinschaft, dass »spätestens bis zum 31. Oktober 1969 der Handel mit Wein völlig zu liberalisieren sei.«[45] Die Folge aus diesem Beschluss war, dass jegliche Art von Zöllen oder ähnlichen Abgaben auf Wein innerhalb der EWG verboten wurde.[46] Bis zu diesem Zeitpunkt, so lautete eine weitere Forderung des Ministerrats, sollte der gemeinsame Weinmarkt in Europa einheitlichen gemeinschaftlichen Bestimmungen unterliegen.

---

[41] Storm, Susann-Annette: Das Europäische Weinbezeichnungsrecht. Die Möglichkeiten, Grenzen und die Kontrolle des Weinbezeichnungsrechts in der Europäischen Union. Baden-Baden 1990, S. 9f.
[42] Ursprungsbezogenheit meint in diesem Zusammenhang die Einordnung eines Weines in die Qualitätsweinstufe ausschließlich auf Grund seiner geographischen Herkunft.
[43] Organoleptisches Verfahren meint die Probe und Bewertung des Weines mit den menschlichen Sinnen. Dieses Verfahren wird bis heute bei der amtlichen Qualitätsweinprüfung verwendet. Hier wird jeder Qualitätswein einer Prüfung unterzogen und in einem gewissen Punkteschema durch amtlich bestellte Sachverständige bewertet.
[44] Vgl. Dietrich, Johannes: Möglichkeiten und Grenzen eines einheitlichen europäischen Weinrechts – aus der Sicht der Bundesrepublik Deutschland. In: Institut für Weinrecht der Gesellschaft für Rechtspolitik (Hrsg.): EWR - Schriftenreihe zum europäischen Weinrecht. Trier 1/80, S. 71.
[45] Wehling, Hans-Georg [FN 4] S. 66.
[46] Vgl. ebd. S. 66.

Aufgrund von Protesten aus deutschen Reihen konnte der Ministerrat diesen Zeitplan jedoch nicht einhalten. Erst im Dezember 1969[47] wurden die hierfür notwendigen Beschlüsse gefasst, sodass es durch die Verordnungen 816/70 (Weinmarktordnung) und 817/70 (Qualitätsweinverordnung) vom 28. April 1970 am 1. Juni 1970 zur Errichtung des gemeinsamen europäischen Weinmarktes kam.

Zusammenfassend lässt sich festhalten, dass laut EWG-Weinmarktordnung eine Aufteilung in zwei Gruppen bestand: Europäische Weine wurden hierdurch in die Gruppe der Qualitätsweine und die Gruppe der Tafelweine aufgeteilt, die die große Masse der einfachen Trinkweine umfasst. Eben dieser Gruppe lag insbesondere die Marktordnung als Interventionsregelung zu Grunde. »Diese Interventionsregelung soll mit Hilfe einer Reihe von Herstellungs- und Vermarktungsvorschriften und vor allem mit Hilfe eines Mindestpreissystems dafür sorgen, dass einerseits dem Erzeuger eine Mindestabnahme- und Mindestpreisgarantie geboten wird, und dass andererseits kein Anreiz zum Überangebot auf Dauer, das heißt zu strukturellen Weinüberschüssen entsteht.«[48] Methoden, die die Homogenisierung dieser Tafelweine ermöglichen sollten, waren die Anforderungen an einen natürlichen Mindestalkoholgehalt und der Verschnitt dieser Weine untereinander.

Auch für die andere Gruppe der Weine, also die Qualitätsweine, versuchte die EWG einheitlich, wenn auch mit weniger Druck, Regeln zu formulieren. Hier ging es um die Vereinheitlichung des Bezeichnungsrechts sowie der Herstellungs- und Vermarktungsregelungen.

Auch hier legte die EWG in ihrer Verordnung 817/70 Grenzwerte fest, die die Weine in den Mitgliedsländern aufzuweisen hatten. Aufgegliedert nach den einzelnen Weinbauzonen[49] wurden Mindestwerte für den natürlichen Alkoholgehalt und die Anreicherung gegeben. Allein die Bestimmungen über den Gesamtalkoholgehalt nach der Anreicherung überließ die EWG dem nationalen Gesetzgeber.

---

[47] Vgl. Storm, Susann-Annette [FN 41] S. 12.
[48] Ministerium für Landwirtschaft, Weinbau und Umweltschutz Rheinland-Pfalz (Hrsg.): Der deutsche Weinbau und die EWG, Mainz 1973/74, S. 17.
[49] Zur genauen Aufteilung der Weinbauzonen siehe: VO (EWG) 816/70 Anhang III.

1.4. Warum also ein neues Weingesetz?

In den vorangegangenen Kapiteln ging es darum, welche Zielsetzungen die bundesdeutsche Weinbaupolitik verfolgte und welche Ziele die EWG hatte. Charakteristisch für den beschriebenen Zeitraum ist, dass die Forderungen nach Qualität und weinbaupolitischer Unabhängigkeit denen des Zusammenwachsens von Europa und dem damit verbundenen Verlust an eigener Gesetzgebungskompetenz gegenüber standen. Die Bundesrepublik wollte die hohe Qualität ihrer Weine durch die nationale Weingesetzgebung schützen und unterstützen, während die EWG einen einheitlichen europäischen Weinmarkt samt einem homogenen europäischen Wein aufbauen und fördern wollte.

Im Einzelnen lassen sich folgende Abweichungen zwischen dem deutschen Weingesetz von 1969 und der EWG Weinmarktordnung festhalten:

Die EWG-Verordnung sah vor, die Weinanbaugebiete in der Bundesrepublik aufgrund unterschiedlicher Qualität in zwei *Weinanbauzonen* zu teilen. Dieser Unterteilung sollten im Rahmen der EWG Marktordnung schließlich unterschiedliche Regelungen zu Grunde liegen. So sollte in einer der beiden Weinbauzonen ein niedrigerer *Mindestalkoholgehalt*[50] gelten als in der anderen. Der Mindestalkoholgehalt des unverbesserten Ausgangsprodukts wurde in der Zone A mit 5 Grad und in der Zone B mit 6 Grad festgelegt. Im Gegensatz hierzu war im deutschen Weingesetz eine solche Anforderung an den Alkoholgehalt nicht vorgesehen.

Ferner sollten die *Verbesserungsmöglichkeiten*[51] in den beiden Zonen unterschiedlich geregelt werden, wobei die im neuen deutschen Weingesetz getroffene Regelung, die so genannte *Notstandsklausel,* keine Bedeutung mehr haben sollte. Diese Notstandsklausel sah ursprünglich vor, den Winzern zu erlauben, in besonders ungünstigen Jahren den Most auf einen gewissen Wert zu verbessern. Gerade dieser Punkt stellte für

---

[50] Unter Mindestalkoholgehalt versteht man den natürlichen Alkoholgehalt des Weines vor jedweder Anreicherung.
[51] Unter Verbesserung versteht man die weinrechtlich in Grenzen erlaubten Maßnahmen, um einen naturbedingt mangelhaften Wein genießbar zu machen. Dies kann je nach Bedarf mit den unterschiedlichsten Methoden passieren: Anreicherung, Entsäuerung, Süßung oder Verschnitt.
Ich sehe hier davon ab, die genauen Zahlen und Grenzen der Verbesserungsmöglichkeiten zu nennen, da dies in einer politikwissenschaftlichen Arbeit zu weit führen würde und für den Laien eher nichtssagend wäre.

die Bundesrepublik und deren Weinanbaugebiete eine der entscheidendsten Maßnahmen im Verlauf der EWG Regelungen dar. Die in der BRD gelegenen Anbaugebiete sind die nördlichsten im Bereich der EWG und somit auch immer wieder den schlechten Wetterbedingungen ausgesetzt. Weinjahrgänge wie 1965, 1968 und 1969 hätten, ohne die Möglichkeit der Verbesserung, in eben diesen nördlichen Gebieten zu erheblichen Einbußen geführt, da ein Absatz der Weine nicht möglich gewesen wäre. Aufgrund dieser Tatsache sprachen sich die deutschen Beteiligten gegen einen Wegfall der Notstandsklausel aus.

Wie die vorangegangenen Ausführungen bereits gezeigt haben, wurde die EWG-Weinmarktorganisation im Rahmen einer Verordnung durchgeführt. Hieraus ergaben sich für die Bundesrepublik und deren neues Weingesetz erhebliche Probleme, da, wie oben geschildert, einige deutsche Regelungen nicht mit denen der EWG übereinstimmten. Eine Verordnung der EWG nimmt in der supranationalen Normenhierarchie jedoch einen höheren Rang ein als ein nationales Gesetz und wird hierdurch zu unmittelbar geltendem Recht in den Mitgliedsstaaten[52]. Dies hatte zur Folge, dass das rechtmäßig verabschiedete Weingesetz von 1969, das erst nach einer zweijährigen Übergangszeit am 23.04.1971 in Kraft treten sollte, in weiten Teilen unanwendbar gewesen wäre. Aus diesem Umstand heraus ergab sich eine eher ungewöhnliche Situation innerhalb des Umgangs mit den EWG-Vorschriften. Das EWG-Weinrecht war zwar seit dem 1. Juni 1970 unmittelbar verbindlich, konnte jedoch mangels Strafsanktionen nicht um- bzw. durchgesetzt werden – das Weingesetz von 1930 war unanwendbar.[53] Dieser *gesetzlose* Zustand entstand durch die fehlenden allgemeinen Strafbestimmungen der EWG. In diesem Bereich beharrten die Mitgliedsstaaten auf ihren nationalen Rechten – die Bundesrepublik hatte sich mit einer Regelung in Sachen Wein jedoch bis zum 4. Juni 1971 Zeit gelassen.

Da, wie bereits oben erwähnt, die Zuständigkeit der Mitgliedsstaaten der EWG auf dem Sektor »Weinrecht« auf die Durchführung und die Ergänzung des EWG-Weinrechts beschränkt wurde und die nationalen Gesetzgeber ihre souveränen Zu-

---

[52] Vgl. Art 249 Abs. 2 EGV n. F.
[53] Vgl. Allgemeine Deutsche Weinzeitung 39/1971, S. 1060.

ständigkeiten weitestgehend verloren hatten, musste Deutschland seine Weinnormen anpassen.

Die ersten Vorstellungen einer Anpassung des deutschen Weingesetzes an die EWG-Bestimmungen schilderte der parlamentarische Staatssekretär des Bundesgesundheitsministeriums Heinz Westphal (SPD) im Rahmen der Beantwortung einer parlamentarischen Anfrage[54] des Bundestagsabgeordneten Manfred Wende (SPD). Die Bundesregierung sei bemüht, so Westphal, das zur Durchführung der EWG-Weinmarktorganisation notwendige Durchführungsgesetz in kurzer Frist zu schaffen und den notwendigen Gremien vorzulegen. Der Staatssekretär formulierte in seiner schriftlichen Beantwortung folgende Ziele des neuen Weingesetzes: »1. Ausschöpfung der Ermächtigung der EWG-Weinmarktorganisation an die Mitgliedsstaaten. 2. Anpassung des Weingesetzes 1969 an die von der EWG geschaffene Rechtslage, und 3. Strafbewehrung der einzelnen bisher noch nicht erfassten neuen Tatbestände der EWG-Weinmarktorganisation.«[55] Der eigentliche Gesetzesentwurf, so Westphal weiter, sei bis Weihnachten 1970 mit den beteiligten Wirtschaftskreisen abzustimmen.

1.5. Rheinland-Pfalz

Betrachtet man sich die allgemeinen Ausführungen zu der Weinwirtschaftssituation in den betroffenen Jahren, so wird ersichtlich, dass gerade das Bundesland Rheinland-Pfalz besonderes Interesse an einer angemessenen Weinbaupolitik haben musste. Dieses große Interesse basiert auf zwei grundlegenden Tatsachen. Zum ersten hatte Rheinland-Pfalz die meisten Weinbaubetriebe, sodass der Weinbau ein zentraler Bestandteil der rheinland-pfälzischen Wirtschaft war. Zweitens gehörten zu den rheinland-pfälzischen Anbaugebieten die nördlichsten von Europa. Die hiesige Landespolitik musste in Bezug auf die Weinbaupolitik also immer zwei Interessengruppen dienen: jener der klimatisch benachteiligten Regionen, deren Bewirtschaftung äußerst schwierig und kaum lohnend ist, und jener südlicheren Anbaugebiete im Land, die im Allgemeinen eine gute Basis zum Weinanbau haben. Diese Zweiteilung machte auch deutlich, wie wichtig das Weingesetz im Jahre 1969 für das Land Rhein-

---

[54] Vgl. Stenographische Berichte des Bundestags VI. Wahlperiode am 6. November 1970, 77. Sitzung, Anlage 37, S. 4336.
[55] Der Deutsche Weinbau 33/1970, S. 1254.

land-Pfalz sei, betonte der damalige Weinbauminister des Landes, Otto Meyer, in einer Sitzung des Bundesrates. In einem Land, in dem drei Viertel der deutschen Weine erzeugt würden, stelle der Wein nicht nur ein Produkt unter allen anderen dar, sondern übernehme eine das Sozial- und Wirtschaftsgefüge prägende Funktion.[56] Der Minister zeigte sich überzeugt, dass dieses neue Gesetz den deutschen Weinbau im Gesamtgefüge der Weltweinherstellung durch seine qualitative und moderne Ausrichtung absichern würde. Ferner versprach er sich durch das neue Bezeichnungsrecht einen Vertrauensgewinn bei den Verbrauchern, so dass der Absatz des einheimischen Weines sicher sei. Eine klare Abgrenzung von den ausländischen Weinen, die, so Meyer, im Allgemeinen eine geringere Qualität aufweisen würden, sei durch die hohen Qualitätsanforderungen im neuen Gesetz gegeben – Deutscher Wein könne daher im Vergleich voll zur Geltung gebracht werden.[57] Die zeitlich parallel ablaufenden Bemühungen der EWG stimmten den rheinland-pfälzischen Weinbauminister aber gleichzeitig erstmals sehr nachdenklich, da diese in weiten Teilen den Ideen des neuen deutschen Weingesetzes widersprachen.

An Optimismus verlor der Minister jedoch nicht. In einer Winzerversammlung im Dezember 1969 sprach er den anwesenden Weinbauern Mut zu. Der Übergang zum gemeinsamen Markt sei schwierig gewesen, das neue Weingesetz biete dem deutschen Weinbau aber eine sehr gute Grundlage, um auf dem Gebiet des europäischen Weinmarktes Fuß zu fassen und sich durch seine *Spezialität* und *Qualität* gegenüber den anderen Weinen abzusetzen.[58] Wie engagiert die rheinland-pfälzische Regierung in Sachen Weinbau und dessen Regelung war, zeigt sich daran, dass ihre Haltung keineswegs nur durch die Meinung des Ministers geprägt wurde. Neben eben diesem äußerten sich selbst die Mitarbeiter des Weinbauministeriums nachdenklich über die EWG-Weinmarktorganisation. Der Staatssekretär im Weinbauministerium Dr. Friderichs »forderte ebenfalls, dass das deutsche Weingesetz in Brüssel nicht verwässert werden dürfe«[59] und schaffte damit die Grundlage der rheinland-pfälzischen Forderungen gegen die EWG-Weinmarktorganisation, die in kontinuierlicher Weise im Zeitraum zwischen Mai 1969 und Herbst 1970 vertreten wurden.

---

[56] Vgl. Der Deutsche Weinbau 16/1969, S. 579.
[57] Vgl. ebd. S. 579.
[58] Vgl. Das Weinblatt 1/1970, S. 12.
[59] Ebd. S. 91.

Im Februar 1970 warnte Meyer den damaligen Bundeslandwirtschaftsminister Ertl vor der Zustimmung zum EWG-Vorschlag. Die Werte, die die EWG-Verordnungen vorsehen würden[60], seien eine ››tödliche‹‹ Gefahr für den heimischen Weinbau und in wesentlichen Teilen unannehmbar.[61] Auch der damalige rheinland-pfälzische Ministerpräsident Helmut Kohl wandte sich im Februar 1970 gegen die Pläne der EWG und sprach von einer nachhaltigen Störung im Wirtschafts- und Sozialgefüge an Rhein und Mosel für den Fall, dass die EWG Vorstellungen wie geplant durchgesetzt werden würden.[62]

Dass die Haltung der rheinland-pfälzischen Landespolitik auch in Bonn Gehör fand und respektiert wurde, zeigen die Äußerungen von Meyer nach einem weiteren Gespräch mit dem Bundeslandwirtschaftsminister. Nach diesem Gespräch zwischen Meyer und Ertl zitiert *Das Weinblatt* den Weinbauminister mit den Worten, dass er gegenüber Ertl mit Nachdruck darauf hingewiesen habe, welche Bedeutung Wein und die damit zusammenhängende Wirtschaft für das Bundesland Rheinland-Pfalz habe - 70 Prozent der deutschen Weinfläche seien dort beheimatet.[63] Durch seine Intervention, so wird Meyer weiter zitiert, sei der Kontakt zwischen der deutschen Delegation in Brüssel und ihm wieder enger geworden, wodurch die rheinland-pfälzische Haltung auch wieder in Brüssel gefragt sei.[64]

Große Unterstützung fanden der Weinbauminister und seine Mitstreiter in Mainz durch seine rheinland-pfälzischen Kollegen der Bundestagsfraktion. ››In einem Telegramm an Bundesernährungsminister Josef Ertl hatte Leicht[65] darum gebeten, in Brüssel die Grundsätze des deutschen Weingesetzes mit allem Nachdruck zu vertreten und in die EWG-Weinmarktordnung einzubringen.‹‹[66] Auch der Trierer CDU-Bundestagsabgeordnete Dr. Carl-Ludwig Wagner ››kündigte Anfragen darüber an, was die Bundesregierung zu tun gedenke, um den Untergang des deutschen Weinbaues aufzuhalten.‹‹[67]

---

[60] In diesem speziellen Fall sprach sich der Weinbauminister Meyer strikt gegen die Grenzwerte für Mindestalkohol aus.
[61] Vgl. Das Weinblatt 7/1970, S. 106.
[62] Vgl. ebd. S. 140.
[63] Vgl. Das Weinblatt 10/1970, S. 160.
[64] Vgl. ebd. S. 160.
[65] Albert Leicht war zu diesem Zeitpunkt der Vorsitzende der Landesgruppe der rheinlandpfälzischen CDU Bundestagsabgeordneten.
[66] Das Weinblatt 10/1970, S. 161.
[67] Ebd. S. 142.

Einen letzten Versuch, Ertl von den Gefahren der EWG-Regelungen zu überzeugen, unternahm Meyer am 26. Februar 1970. Er wies zusammen mit weiteren Vertretern des Deutschen Weinbauverbandes den Bundesminister nochmals mit Nachdruck darauf hin, dass er und die zuständige deutsche Delegation ausschließlich das neue deutsche Weingesetz als Verhandlungsgrundlage in Brüssel nutzen sollten.

2. Die Vorbereitungsphase

2.1. Vom Referentenentwurf zum Regierungsentwurf

Aufgrund des Zeitdrucks im Rahmen der Entstehung des 69er Weingesetzes, kam die Initiative, wie oben geschildert, aus der Mitte des Bundestages. Der Entwurf wurde von Mitgliedern des Bundestages verfasst und in das Parlament eingebracht. Dieser eher ungewöhnliche Vorgang[68] sollte sich bei der Entstehung des Weingesetzes von 1971 nicht wiederholen, obwohl auch hierbei der Entwurf unter Zeitdruck entstand. Der allgemeine Gang der Gesetzgebungsinitiative der Bundesregierung sieht nämlich zunächst einen Referentenentwurf des federführenden Bundesministeriums vor.

Wie im Kapitel über die historischen Rahmenbedingungen bereits erwähnt wurde, galten die Weingesetze in Deutschland immer als ein Sondergebiet des Lebensmittelrechts. »Mithin war die oberste Gesundheitsbehörde stets zuständig in Fragen des Weinrechts.«[69] Bis zur Gründung des Bundesministeriums für Gesundheitswesen 1961 lag die Kompetenz somit zunächst beim Bundesministerium des Innern, hiernach ging sie zum Gesundheitsministerium über.

Betrachtet man die Entwicklung des Weinbaus und der Weingesetzgebung, die immer mehr von wirtschaftlichen Interessen und anderen wirtschaftlichen Gegebenhei-

---

[68] Ungewöhnlich deshalb, da statistisch gesehen die meisten Gesetzesinitiativen von der Bundesregierung kommen. Dieser Trend hat, wenn man die offiziellen Statistiken betrachtet, schon in der 1. Wahlperiode eingesetzt. Ein deutlicher Abfall von Initiativen aus dem Bundestag, lässt sich seit der 3. Wahlperiode feststellen. Von 424 verkündeten Gesetzen, waren lediglich 74 von Bundestag und 2 vom Bundesrat eingebracht worden. In der 6. Wahlperiode wurden bei einer Gesamtzahl von 335 verkündeten Gesetzen vom Bundestag lediglich 58 eingebracht, von der Bundesregierung 257. Vgl. hierzu: Schindler, Norbert: Datenhandbuch zur Geschichte des Deutschen Bundestages: 1949 bis 1999. Gesamtausgabe in 3 Bänden, Baden-Baden 1999, Band II, S. 2388ff.
[69] Wehling, Hans-Georg [FN 4] S. 170.

ten beeinflusst wurde, wäre sicherlich eine Ansiedelung der Weingesetzgebung beim Bundesministerium für Wirtschaft denkbar gewesen. Ferner könnte man auch davon ausgehen, dass die Kompetenzen beim Bundesministerium für Landwirtschaft konzentriert würden, da der Weinbau zweifelsohne unter den Oberbegriff Landwirtschaft zu fassen ist. Gerade dieser Gedanke wurde von den meisten Winzern favorisiert, die das Bundeslandwirtschaftsministerium als besseren Partner angesehen hatten.

Nach einer internen Aufteilung der beiden Ministerien verblieb die Weingesetzgebung trotz allen Unmuts der Betroffenen beim Gesundheitsministerium. Ansonsten zählte der Weinbau zum Aufgabenkreis des Bundesministeriums für Ernährung, Landwirtschaft und Forsten. Dies wurde seit dem 22. Oktober 1969 von Bundesminister Josef Ertl (FDP) geleitet, der im Gegensatz zu seinem Amtsvorgänger Hermann Höcherl nach einem Studium der Landwirtschaft und langjähriger Tätigkeit im bayrischen Landwirtschaftsministerium nicht als fachfremd auf dem Gebiet der Landwirtschaft galt.[70] Über Ertl und sein Ministerium liefen schließlich auch sämtliche Verhandlungen der Verbände und der Vertreter der EWG. Obwohl es diese oben genannte offizielle Aufgabenverteilung gab, wurden einige der Verhandlungen zum neuen Weingesetz ohne die Mitarbeiter des Gesundheitsministeriums geführt, was zu einer verstärkten Position des Landwirtschaftsministeriums führte. Diese stärker gewordene Dominanz des Landwirtschaftsministeriums in Sachen Weinbau wird deutlich, wenn man der *Allgemeinen Deutschen Weinfachzeitung* Glauben schenken kann, die darüber berichtet, dass zum letzten Hearing vor der Kabinettsberatung, zu dem die Vertreter der Weinwirtschaft, der weinbaubetreibenden Länder sowie die Vertreter des Landwirtschaftsministeriums zusammentrafen, die zuständigen Sachbearbeiter des Gesundheitsministeriums nicht erschienen waren, was von den Anwesenden bedauert wurde.[71] Das Bundesgesundheitsministerium sah, da der Entwurf bereits im Hearing zuvor ausgiebig diskutiert wurde und einige Kompromisslösungen gefunden wurden, keinen Bedarf nach einem weiteren Treffen mit den Beteiligten.

Dem allgemeinen Gesetzgebungsprozess folgend wird in dem betreffenden Ministerium zunächst ein Entwurf in Zusammenarbeit mit anderen Ressorts z.B. dem Haus-

---

[70] Zur genaueren Aufteilung des Ministeriums siehe: Presse und Informationsamt der Bundesregierung (Hrsg.): Bonner Almanach 1970, S. 76.
[71] Vgl. Allgemeine Deutsche Weinfachzeitung 6/1971, S. 139.

haltsressort erstellt.⁷² Im weiteren Verlauf werden in diesem frühzeitigen Stadium des Gesetzes Meinungen anderer Beteiligter eingeholt. Dies können Ländervertreter, Mitglieder anderer Fraktionen oder aber auch Vertreter der betroffenen Verbände sein. Auf der einen Seite helfen diese frühzeitigen Stellungnahmen sicherlich bei der Erarbeitung eines geeigneten Entwurfs, da dessen vollständige Ablehnung bei der Einbringung in das Parlament eher unwahrscheinlich ist. Andererseits darf sich das verantwortliche Ministerium nicht in seiner Arbeit beeinflussen lassen »damit nicht schon im Entwurfsstadium Präjudizierungen oder Festlegungen eintreten, die sich für das Kabinett als hinderlich erweisen können.«⁷³

Erste definitive Aussagen der damaligen Bundesregierung über die geplante Anpassung des Weingesetzes von 1969 an die EWG-Normen machte der Parlamentarische Staatssekretär des Bundesgesundheitsministeriums Heinz Westphal am 6. November 1970 im Rahmen einer Schriftlichen Anfrage⁷⁴ des SPD-Abgeordneten Manfred Wende (Baden-Württemberg). Westphal nutzte die nur auf einen bestimmten Paragraphen des Weingesetzes von 1969 bezogene Frage des Abgeordneten dazu, »zum erstenmal die gesamte Planung der Bundesregierung über die Anpassung des deutschen Weingesetzes an die neuen EWG-Vorschriften vor der Öffentlichkeit in groben Zügen zu skizzieren.«⁷⁵

Aufgrund des Zeitdrucks, der sich aus den oben bereits erwähnten Sachverhalten ergeben hatte, zeigte sich das zuständige Gesundheitsministerium bemüht, schnellstmöglich ein entsprechendes Durchführungsgesetz für die EWG-Weinmarkorganisation zu erarbeiten und den zuständigen Gremien zuzuleiten. Die Vorschläge des Ministeriums sollten, so Westphal in der Beantwortung weiter, noch vor Weihnachten den jeweiligen Ressorts sowie den beteiligten Wirtschaftsverbänden zugeleitet werden, um eine Abstimmung untereinander zu erreichen. Das Gesetz hatte folgende Ziele:

»1. Ausschöpfung der Ermächtigungen der EWG-Weinmarktorganisation an die Mitgliedsstaaten,

---

[72] Vgl. Isensee, Josef; Kirchhoff, Paul (Hrsg): Handbuch des Staatsrechts Bd. II. Demokratische Willensbildung - Die Staatsorgane des Bundes, Heidelberg 1987 bis 1992, S. 358.
[73] Ebd. S. 359.
[74] BT-Drucksache VI/1339 Frage B 19.
[75] Der Deutsche Weinbau 33/1970, S. 1253.

2. Anpassung des Weingesetzes 1969 an die von der EWG geschaffene Rechtslage und
3. Strafbewehrung der einzelnen bisher noch nicht erfassten neuen Tatbestände der EWG-Weinmarktorganisation.‹‹[76]

Nach ausführlichen Ressortbesprechungen am 30. November 1970 war es schließlich am 1. Dezember 1970 soweit. *Der Deutsche Weinbau* berichtete erstmals von einem neuen Gesetzentwurf, den das federführende Bundesgesundheitsministerium als Referentenentwurf für das neue Weingesetz unter dem Titel: *Gesetzesentwurf zur Durchführung der weinrechtlichen Vorschriften der gemeinsamen Marktorganisation für Wein und zur Bereinigung des Gesetzes über Wein, Dessertwein, Schaumwein, weinhaltige Getränke und Branntwein aus Wein vom 16. Juli 1969* vorlegte.[77]

Bereits aus dem Titel des Entwurfs wird deutlich, dass es sich nicht ausschließlich um ein Gesetz handeln sollte, das sich mit den notwendig gewordenen Durchführungsvorschriften zur EWG-Marktorganisation beschäftigen sollte, sondern auch um eine Zusammenfassung der Gesetzesteile des 69er Weingesetzes, die von den EWG Regelungen unberührt geblieben waren. Somit wollte die Bundesregierung ein eigenständiges Weingesetz schaffen, das alle vorigen Gesetze über den Wein ersetzen und ungültig machen sollte.

Da sich viele der Betroffenen bereits an das neue Weingesetz von 1969 gewöhnt hatten und sehr viele Regelungen in der Praxis angewendet wurden, war das Bundesgesundheitsministerium bemüht, den Aufbau und die Systematik dieses Gesetzes von 1969 in seinem Referentenentwurf beizubehalten.[78] Er umfasste 80 Paragraphen und war - wie das Gesetz von 1969 - in acht Teile gegliedert, ››wobei Teil I den Wein (§§ 1-22) und Teil II Likörwein (§§ 23-26), Schaumwein (§§ 27-32), weinhaltige Getränke (§§ 33-38) und Branntwein aus Wein (§§ 39-48)‹‹[79] beinhaltete. Dieser zweite Teil wurde fast gänzlich aus dem 69er Weingesetz übernommen, hier wurden lediglich die Begriffsbestimmungen geändert, die die EWG-Weinmarktorganisation notwendig gemacht hatte. Im Gegensatz hierzu sah der Entwurf im ersten Teil (Wein) mehrere Änderungen im Vergleich zum 69er Weingesetz vor. So wurden zum Beispiel die

---

[76] Vgl. [FN 54]
[77] Vgl. Der Deutsche Weinbau 34/1970, S. 1275.
[78] Vgl. ebd. S. 1276.
[79] Ebd. S. 1276.

Ausgangsmostgewichte für Qualitätsweine leicht herabgesetzt. Diese lagen im Weingesetz von 1969 noch bei 65° Öchsle.[80] Der Referentenentwurf sah hier die Werte von 8° (ca. 63° Grad Öchsle) und für spätreife Trauben 7,5° (ca. 60° Öchsle) vor. Die ungenauen Angaben ergaben sich aus der Tatsache, dass das neue Weingesetz von 1971 die Angaben in Grad Öchsle nicht mehr verwenden durfte.[81] Eine Absenkung der Mindestmostgewichte[82] sah der Entwurf ebenfalls bei den Qualitätsweinen mit Prädikat vor. Diese wurden von vormals 75° Öchsle bzw. 72° Öchsle bei spätreifen Trauben auf 9,5° (ca. 72° Öchsle) bzw. 9° (ca. 68° Öchsle) herabgesetzt.

Die Möglichkeit der Verbesserung der Weine, die im Weingesetz von 1969 noch in weiten Teilen bestand[83] (Zuckerung, Konzentratzusatz, teilweise Konzentrierung), sollte nach dem Referentenentwurf weiter eingeschränkt werden. Der Entwurf sah für Qualitätsweine ein Verbot des Konzentratzusatzes und für Qualitätsweine mit Prädikat gar ein Zuckerungsverbot vor.

Eine weitere Abänderung machte das Bundesgesundheitsministerium in seinem Entwurf in Zusammenhang mit den Weinen, die nicht in die Kategorie der Qualitätsweine bzw. Qualitätsweine mit Prädikat fielen. Nach § 14 des Weingesetzes von 1969 mussten diese Weine als Tischwein benannt werden und durften nicht mit den Lagenamen der Qualitätsweine bezeichnet werden. Im Gegensatz hierzu führte der Entwurf im Zusammenhang mit den EWG-Vorschriften den Begriff des Tafelweines ein, der jedoch im Unterschied zu den Tischweinen[84] mit einem Lagenname versehen werden konnte.

---

[80] Für Rebsorten aus spätreifen Trauben sah das Gesetz eine Sonderregelung vor. Das Ausgangsmostgewicht durfte in diesem Fall auf 62° Öchsle herabgesetzt werden. Vgl. § 11 Abs. 3 WeinG 1969.

[81] „Die EG-Weinmarktordnung ersetzte die Angabe in Oechslegraden durch die in den romanischen Weinbauländern übliche Angabe in Alkoholgraden (Volumenprozent = % vol)." aus: Koch, Hans-Jörg: Wein und Recht von A – Z. Vom Weinberg zur Weinprobe. 1. Auflage, München 1999, S. 98.

[82] Eine Absenkung der Mindestmostgewichte hat zur Folge, dass mehr Wein in die Kategorie der Qualitätsweine einbezogen werden kann. Qualitätsweine sind im Vergleich zu den Tafelweinen die besser bezahlten Weine.

[83] § 5 Abs. 1 WeinG 1969: „Dem Traubenmost, dem Wein sowie der Traubenmaische, die einer Maischegärung unterworfen wird und zu deren Herstellung Rotweintrauben verwendet oder mitverwendet worden sind, darf Zucker zugesetzt werden (Verbesserung)."

[84] Heute ist bei der Verwendung des Begriffs *Tischwein* Vorsicht geboten. Er ist im Gegensatz zum Tafelwein kein weinrechtlich definierter Begriff, wie er es noch im Weingesetz von 1969 war. Tafelwein ist im deutschen Weinrecht die unterste der drei Qualitätsstufen. Er muss in der EG hergestellt sein, sowie bestimmten Anforderungen an Rebsorten, Alkohol- und Säuregehalt aufweisen. Vgl. Koch, Hans-Jörg [FN 81] S. 134 ff.

Eine wichtige Regelung, die im Teil I des Entwurfs aus dem Weingesetz von 1969 übernommen wurden, war beispielsweise die Anbauregelung. »In § 2 Abs. 1 wird ausdrücklich die Weitergeltung der Anbauregelung des § 1 WWG ausgesprochen.«[85] Diese Anbauregelung legte bestimmte Flächen fest, die als *weinbauwürdig* angesehen wurden. Nur auf diesen amtlich anerkannten Flächen durfte aus Qualitätsgründen Wein angebaut werden.

Aufbauend auf diesen Entwurf lud das Bundesgesundheitsministerium vom 2. bis 4. Dezember 1970 die Obersten Landesbehörden und die betroffenen Weinwirtschaftsverbände zu einem ersten Anhörungstermin ein.

Das Ergebnis dieser ersten Beratungen betitelte *Der Deutsche Weinbau* in einem seiner Leitartikel mit der Überschrift »Bis jetzt leichte Punktvorteile.«[86] Diese Punktvorteile ergaben sich im Wesentlichen aus zwei Sachverhalten, die für den deutschen Weinbau als Zugewinn angesehen wurden. Zum Ersten hatte sich »trotz der Einwände von Weinhandelsseite und der vom Land Rheinland-Pfalz vorgebrachten Bedenken«[87] die Meinung durchgesetzt, dass die Mindestmostgewichte nicht unter die vom Deutschen Weinbauverband zunächst vorgeschlagenen Werte angesetzt werden sollten. Rheinland-Pfalz und Teile des Weinhandels plädierten in diesem Zusammenhang für ein Mindestmostgewicht von 6° (50° Öchsle) bei Qualitätsweinen b. A. Allerdings hatten sich die Betroffenen während des Hearings wohl auf einen Kompromiss geeinigt, da im Regierungsentwurf letztendlich die Werte unter denen des Referentenentwurfs festgesetzt wurden. Für die Weinbauzone A lagen die Grenzwerte bei 7,5° bzw. 7°, die Werte der Weinbauzone lagen bei 8,5° bzw. 8°.[88]

Ein zweiter wichtiger Kompromiss, auf den sich die Teilnehmer dieser Verhandlungsrunde einigen konnten, war die »Abgrenzung und Benennung der *bestimmten Anbaugebiete*«[89] sowie die Einteilung der Tafelweingebiete. Das Meinungsspektrum reichte von einer Einteilung in lediglich zwei Gebiete für Qualitätsweine und Tafel-

---

[85] Der Deutsche Weinbau 34/1970, S. 1276.
[86] Der Deutsche Weinbau 35/36/1970, S. 1295.
[87] Ebd., S. 1295.
[88] Vgl. hierzu die Ausführungen zu den Mindestmostgewichten in dieser Arbeit.
[89] Der Deutsche Weinbau 35/36/70, S. 1295.

weine – die beiden Weinbauzonen A und B, bis hin zur Forderung des Deutschen Weinbauverbandes nach einer Einteilung in elf bestimmte Anbaugebiete.[90]
Rheinland-Pfalz, namentlich sein Weinbauminister Otto Meyer, legte während dieser Verhandlung besonderen Wert auf die Qualität der einheimischen Weine. Meyer betonte, dass die deutschen Weine im Allgemeinen besser seien, als die Tafelweine, die die EWG-Regelung vorsehen würde. Aus diesem Grund plädierte er dafür, die deutschen Weine »möglichst weitgehend aus der Tafelweingruppe herauszuhalten und Abstufungen nach dem Weingesetz von 1969 in der Gruppe der Qualitätsweine bestimmter Anbaugebiete (QbA-Weine) vorzunehmen.«[91] Die Landesregierung von Rheinland-Pfalz begnügte sich jedoch nicht mit diesem Treffen und dem hier stattgefundenen Ideenaustausch. An diese Verhandlungsrunde anschließend verfassten Meyer und seine Spezialisten vom rheinland-pfälzischen Weinbauministerium noch weitere Stellungnahmen. So bezeichnete Ministerialrat Dr. Renz die fehlenden Strafvorschriften des Entwurfs als eine ausgeprägte Schwäche des Gesetzes. »Gesetzliche Texte sind stets nur soviel wert, wie die Fähigkeit der Exekutive, ihnen in der Praxis Geltung zu verleihen.«[92]

Das letzte Hearing vor der entscheidenden Kabinettssitzung der Bundesregierung fand am Dienstag, den 09. Februar 1971, auf Wunsch des Deutschen Weinbauverbandes im Bonner Ernährungsministerium statt. An diesem Tag trafen sich nochmals Mitarbeiter dieses Ministerium mit den Vertretern der Weinwirtschaft und den weinbautreibenden Ländern. Das Bundesministerium für Gesundheit blieb diesem Treffen fern, was unter den Betroffenen große Enttäuschung ausgelöst hatte. Da man sich auf Grund der vorigen Treffen weitgehend einig war, beschränkte sich die Debatte an diesem Tag auf nur wenige Sachthemen. Hierdurch hatte man Zeit, die noch unklaren

---

[90] Als bestimmte Anbaugebiete werden die Flächen in den deutschen Weinanbaugebieten bezeichnet, die für den Anbau von Qualitätswein gesetzlich vorgesehen sind. Sie sind durch Rechtsverordnungen der Länder genau abgegrenzt. Namentlich sind dies die Gebiete: Ahr, Baden, Franken, Hessische Bergstraße, Mittelrhein, Mosel-Saar-Ruwer, Nahe, Rheinpfalz, Rheingau, Rheinhessen, Württemberg.

[91] Allgemeine Deutsche Weinfachzeitung 3/1971, S. 85. Aus diesem Artikel wird zwar nicht eindeutig erkennbar, ob Meyer diese Forderung während der Beratungen vom 2. bis 4. Dezember 1970 gemacht hatte. Dieses ist jedoch auch nicht zwingend notwendig. Es geht lediglich darum, die Stellung von Rheinland-Pfalz während der Beratungen des Referentenentwurfs zu schildern.

[92] Bundesarchiv: Materialien zum Weingesetz von 1971. Schreiben von MinDir. Dr. Renz an das Bundesgesundheitsministerium vom 28.12.1970; Geschäftszeichen 2 W 7.620.

Gebiete ausgiebig zu erörtern. »Allein über die Frage der Anbauregelung wurde mehrere Stunden debattiert.«[93]
Nach diesem letzten Zusammentreffen wurde der Referentenentwurf zur rechtsförmlichen Überprüfung an das Bundesjustizministerium weitergeleitet, um ihn dann anschließend schnellstmöglich dem Bundeskabinett einreichen zu können.[94] Planmäßig und ohne weitere Verzögerungen konnte dieses dann schließlich den Entwurf am 11. Februar 1971 verabschieden und an den Bundesrat weiterleiten.[95]

2.2. Meinungen zum Regierungsentwurf

Da viele der nicht-staatlichen Akteure von Beginn an an den Beratungen beteiligt waren und deren Meinungen sogar schon zum Referentenentwurf gehört wurden, wäre es nahe liegend, dass der außerparlamentarische Willensbildungsprozess zum Weingesetz mit dem Regierungsentwurf abgeschlossen worden ist. Alle Betroffenen konnten ihre Meinung kundtun – die ein oder andere wurde sogar in den Regierungsentwurf eingearbeitet. Betrachtet man sich die weinbaupolitische Landschaft in Deutschland nach dem 11. Februar 1971, also nach der Weiterleitung des Regierungsentwurfs

---

[93] Allgemeine Deutsche Weinfachzeitung 6/1971, S. 139.
[94] Im Bundesjustizministerium erfolgt bei jeder Regierungsvorlage eine Überprüfung hinsichtlich der Rechtsförmlichkeit. „Geprüft wird die Vereinbarkeit mit geltendem Recht, von der Verfassung über benachbarte oder mitbetroffene Gesetze bis hin zu den Feinheiten der juristischen Sprache [...]." aus: Schick, Rupert; Zeh, Wolfgang: So arbeitet der Deutsche Bundestag. Organisation und Arbeitsweise, Die Gesetzgebung des Bundes. 13. Auflage, Rheinbreitbach 1999, S. 86.
[95] Nach Art. 76 Abs. 2 GG sind Gesetzesvorlagen der Bundesregierung zunächst dem Bundesrat vorzulegen. Dies hängt mit der starken Stellung des Bundesrates nach der Verabschiedung eines Gesetzes im Bundestag zusammen. Theoretisch hat der Bundesrat die Möglichkeit, alle Gesetze, die ihn aus dem Bundestag erreichen, zu verzögern oder im Falle von Zustimmungsgesetzen gar zu verhindern. Durch die Behandlung der Gesetzesvorlage im Bundesrat kann dessen Stellung frühzeitig erkannt werden. Die Bundesregierung erhält hierdurch die Möglichkeit, die Vorschläge des Bundesrates direkt zu berücksichtigen bzw. eine unmittelbare Stellungnahme hierzu abzugeben. Diese sogenannte *Gegenäußerung* wird der vom Bundesrat abgegebenen Stellungnahme beigefügt und dem Bundestag zugeleitet. Im Allgemeinen sieht der Art. 76 Abs. 2 GG hier eine Frist von 6 Wochen vor, die im Bedarfsfall ausnahmsweise auf 9 Wochen verlängert oder bei besonders eilbedürftigen Vorlagen auf 3 Wochen verkürzt werden kann. Ist in dieser verkürzten Zeit die Stellungnahme des Bundesrates noch nicht bei der Bundesregierung eingegangen, so kann sie die Gesetzesvorlage trotzdem dem Bundestag zuleiten. Die Stellungnahme des Bundesrates ist nach dem Eingang dem Bundestag unverzüglich zuzuleiten. Die Arbeit im Bundesrat wird in der Regel von Ausschüssen übernommen, sodass das Abstimmungsverhalten der Länder im Vorhinein klar ist. Zum weiteren Verfahren bei der bundesdeutschen Gesetzgebung wird die Arbeit im Bedarfsfall eingehen.

an den Bundesrat, so lässt sich jedoch immer noch eine außerparlamentarische Diskussion feststellen. Verbände, Verbraucherschützer aber auch die Landesregierung von Rheinland-Pfalz setzten sich nach wie vor mit dem Regierungsentwurf auseinander.

Hier ist zunächst die Haltung der rheinland-pfälzischen Landesregierung zu nennen, die wie bereits mehrfach geschildert, immer wieder eigene Vorschläge und Vorstöße auf dem Gebiet der Weinbaupolitik gemacht hat. Auch nach der Verabschiedung des Regierungsentwurfs zum neuen Weingesetz im Bundeskabinett hatten die Mainzer Weinbürokraten mit ihrem Weinbauminister Meyer an der Spitze noch weitere 50 Änderungsvorschläge formuliert, obwohl auch sie an den Hearings zum Referentenentwurf beteiligt waren und hier ihre Meinung und Vorstellungen zum neuen Weingesetz darstellen konnten.

Dass sich Rheinland-Pfalz in diesen außerparlamentarischen Prozess einmischen konnte, beruhte auf der Tatsache, dass sich seine Vertreter als ausgewiesene Kenner und Vorreiter in Sachen Weingesetz verstanden. Da die Ausgestaltung des Weingesetzes den einzelnen Bundesländern oblag, die im Gegensatz zum Bund einen detaillierteren Überblick über die notwendigen Verordnungen hatten, hatte sich das Bundesland auch zu Recht in dieser Rolle gesehen. Als Folge ergab sich hieraus, dass die Länderbürokratie zum Teil echte Weinrechts- und Weinbauexperten beschäftigte, die im Allgemeinen sehr gut über die zu regelnde Materie informiert waren und kompetent entscheiden konnten. »Wegen der traditionellen umfangreichen Fördertätigkeit der Länder auf dem Gebiet des Weinbaus besitzt wohl kaum eine Bürokratie eine derart gründliche Kenntnis der Probleme des Weinbaus wie die Weinbauverwaltungen der weinbautreibenden Länder.«[96]

Die Organisation der Ministerialbürokratie des Landes Rheinland-Pfalz wurde seinerzeit den Gegebenheiten bezüglich des Weinanbaus im Land gerecht. So wies das Land mit immerhin ca. 70 Prozent der bundesdeutschen Weinanbaufläche eine Konzentration der Zuständigen in Sachen Wein auf, die in der Bundesrepublik als einmalig galt. Während andere Bundesländer die Organisation des Weinbaus auf die ver-

---

[96] Wehling, Hans-Georg [FN 4] S. 176 f.

schiedensten Ministerien, wie zum Beispiel Landwirtschafts-, Innen- und Gesundheitsministerium, aufgeteilt hatten, verblieb die Organisation des Weinbaus in Rheinland-Pfalz beim Ministerium für Landwirtschaft, Weinbau und Forsten. Dieses galt für die ››Fragen von Erzeugung und Markt als auch für die gesundheitspolizeiliche Überwachung (Weinkontrolle).‹‹[97] Von den Betroffenen – den Winzern und Verbänden – wurde diese Lösung begrüßt und als vorbildlich angesehen.[98]

Die Abteilung Weinbau des genannten rheinland-pfälzischen Ministeriums war in zwei Unterabteilungen[99] gegliedert: Unterabteilung II WA – Weinbau und Wiederaufbau und Unterabteilung II WB – Weinwirtschaft und Weinrecht. Diese Unterabteilungen umfassten jeweils sechs Referate der unterschiedlichsten Zuständigkeiten etwa für Wiederaufbau, Rebenzüchtung, Weinforschung, Weinwirtschaftspolitik oder Weinkontrolle. Die Abteilung Weinbau war mit einem Abteilungsleiter[100], drei Referenten und zwei Sachbearbeitern ausgestattet.[101] In anderen Bundesländern gab es eine solche Ausdifferenzierung der Weinbauabteilungen nicht. Hier hatten sich die jeweiligen Referenten oft noch mit anderen landwirtschaftlichen Sachgebieten zu befassen.

Doch nicht nur Referenten und Sachbearbeiter können als Experten in Sachen Weinbau und Weingesetzgebung bezeichnet werden. Selbst die Minister des Ministeriums für Landwirtschaft, Weinbau und Forsten erwiesen sich in dieser Zeit als Verfechter der rheinland-pfälzischen Weinbautradition und der Haltung in Bezug zur Weinbaupolitik. 70 % der Reden des bis 1968 amtierenden Ministers Oskar Stübinger hatten Fragen der Weinwirtschaft zum Gegenstand.[102] Dieser Tradition folgend konnte der am 30. April 1968 ins Kabinett berufene Nachfolger von Stübinger, Minister Otto Meyer, dem Ruf der starken – ja vielleicht sogar übermächtigen – rheinland-

---

[97] Ebd. S. 177.
[98] Eine solche Konzentration erleichterte den betroffenen Vertretern der Weinbranche oft die Verhandlungen, da die beteiligten Beamten bei ein und der selben Behörde beschäftigt waren, gelang es häufiger auch kurzfristig einen Gesprächstermin zu vereinbaren. Dies war bei der Weingesetzgebung von besonderer Bedeutung, da das Gesetz in sehr kurzer Zeit entstehen und verabschiedet werden sollte.
[99] Informationen über die exakte Aufteilung der Behörde liefert der Geschäftsverteilungsplan des Ministeriums für Landwirtschaft, Weinbau und Forsten: Landtag Rheinland-Pfalz – 6. Wahlperiode – Drucksache VI/380, S. 79f.
[100] Abteilungsleiter war der seinerzeit führende Weinrechtler und Ministerialdirigent Dr. Fritz Renz, der gleichzeitig Leiter der Unterabteilung Weinwirtschaft und Weinrecht war.
[101] Vgl. Wehling, Hans-Georg [FN 4] S. 178.
[102] Vgl. ebd. S. 180.

pfälzischen Weinbaupolitik gerecht werden. Auch sein Einsatz in Sachen Weinbaupolitik sucht auf der Landesebene seinesgleichen – Otto Meyer blieb bis 1987 Minister für Landwirtschaft, Weinbau und Forsten.

Zusammenfassend lässt sich also festhalten, dass das Land mit den meisten Weinbaubetrieben und der größten Anbaufläche seine Ministerialbürokratie diesen speziellen Gegebenheiten sehr gut angepasst hatte - durch die Besetzung mit Fachmännern auf der ministeriellen Ebene aber ebenso durch die Minister Stübinger und Meyer.
Die Vorschläge aus dem Bundesland mit den meisten Weinbaubetrieben zielten im Allgemeinen »auf eine möglichst weitgehende Beibehaltung der Konzeption des Weingesetzes von 1969 [...].«[103] Neben dieser Angleichung an das alte, nie in Kraft getretene Weingesetz von 1969 forderte die rheinland-pfälzische Regierung weiterhin ein hohes Maß an Elastizität[104], damit es auch im Nachhinein möglich sei, den deutschen Weinbau bzw. seine Regelungen an die sich ständig ändernden EWG-Regelungen anzupassen. Wie Rheinland-Pfalz versucht hat seine Vorstellungen durchzusetzen, wird an den Sitzungen des Bundesrates bzw. dessen Ausschüssen deutlich, in denen das Bundesland Stellung bezog.

Neben diesen von staatlicher Seite eingebrachten Forderungen und Vorschlägen, die außerhalb des parlamentarischen Verfahrens gemacht wurden, beteiligten sich verständlicherweise auch nicht-staatliche Akteure an den zu dieser Zeit andauernden Diskussionen um das neue Weingesetz. Hierzu gehörten die Verbände des Weinbaus und der Weinwirtschaft

»In der deutschen Staatsrechtslehre galten die Verbände lange Zeit als extrakonstitutionelle Teilnehmer am politischen Geschehen, die die Autorität des Staates bedrohen, ihn seiner inneren Souveränität berauben und seine Handlungsfähigkeit zur Verwirklichung des Gemeinwohls gefährden.«[105] Im Laufe der Zeit erkannte die Forschung und die praktizierende Politik die Bedeutung der Verbände an. Sie wurden als nicht unbedeutender Teil des Kommunikationsprozesses zwischen Politik und Bür-

---

[103] Der Deutsche Weinbau 9/1971, S. 227.
[104] Vgl. ebd. S. 227.
[105] Görres-Gesellschaft (Hrsg.): Staatslexikon, Sonderausgabe der 7. völlig neu bearbeiteten Auflage, Band 5, Freiburg 1995, S. 600.

gern angesehen. »»Als Sprachrohre bzw. Beauftragte der gesellschaftlichen Gruppen transformieren sie eine Vielfalt von diffusen Wünschen in kollektive Forderungen««[106], was ihnen einen unbestrittenen Machtzuwachs im Staat zukommen ließ. Die Verbände hatten also eine Schnittstellenfunktion zwischen Staat bzw. Regierung und dem Volk als Wähler. Eine Institutionalisierung der Verbände im System der Gesetzgebung, durch die der starke Standpunkt der Verbände in der Bundesrepublik deutlich wird, findet man in der Gemeinsamen Geschäftsordnung der Bundesministerien.[107] Hier werden bestimmte Verfahren für die Zusammenarbeit zwischen den Bundesministerien und den entsprechenden Verbänden als Interessensvertreter geregelt. Dies ist notwendig, da die Ministerialbürokratie auf vielen Gebieten der Gesetzgebung Expertenmeinungen benötigt, um mit ihrem Gesetzesentwurf nicht unmittelbar nach seiner Veröffentlichung gegen eine Mauer der Ablehnung zu laufen.

Der Einfluss der Verbände auf die politische Willensbildung der Parteien ist durch einen Prozess gegenseitiger Abhängigkeit gekennzeichnet. Die Parteien bieten Kandidatenstellen für die Parlamente und fragen nach Wählern, Geldern und Experten für die parlamentarische Arbeit, und die Verbände brauchen Parteien, um über sie einen indirekten oder möglicherweise gar direkten Einfluss auf die politische Willensbildung ausüben zu können.

Im Wesentlichen unterscheidet man zwei Möglichkeiten, derer sich die Verbände in einem Staat zur Durchsetzung ihrer Ziele bedienen können. Die gezielte Leistungsverweigerung oder ihre bloße glaubhafte Androhung gegenüber der Gesellschaft oder der Politik ist das am häufigsten gebrauchte Mittel zur Umsetzung ihrer Interessen. Hierneben besteht für die jeweiligen Verbände die Möglichkeit, der Politik mit Entzug der Wählerstimmen zu drohen. »»Die Effektivität solcher Drohungen ist von gewissen Konstellationen im politischen System abhängig.««[108]

»»Was für die Verbände allgemein gilt, gilt selbstverständlich auch für diejenigen Verbände, die an der agrarpolitischen Willensbildung in der Nachkriegszeit aktiv teilgenommen haben [...].««[109] Betrachtet man nun wieder das Gebiet der Weinwirt-

---

[106] Ebd. S. 601.
[107] Vgl. GGO Allgemeiner Teil: §§ 61 und 61 sowie Besonderer Teil § 23.
[108] Andersen, Uwe; Woyke, Wichard (Hrsg.): Handwörterbuch des politischen Systems der Bundesrepublik Deutschland, Bonn 1997, S. 226.
[109] Bethusy-Huc, Viola; Besch, Michael: Interessenverbände in der agrarpolitischen Willensbildung. In: ZParl 1971 S. 212.

schaft, so muss man feststellen, dass das oben erwähnte Druckmittel der gezielten Leistungsverweigerung in diesem speziellen Bereich keine Anwendung finden konnte. Eine Einstellung der Weinproduktion ist schier undenkbar, da die nicht ordnungsgemäße Durchführung der Weinbergs- und Kellerarbeit die Produktion auf längere Zeit unmöglich machen würde. Realistischer ist demgegenüber die Drohung mit Wählerstimmenentzug. Angesichts der Tatsache, dass nahezu jeder Betrieb mit Erwerbsweinbau verbandstechnisch organisiert war[110], wird nachvollziehbar, wie viele Stimmen auf dem Spiel standen. Auch wird deutlich, welches Machtpotential in den betreffenden Weinbauverbänden aber auch in den Handelsverbänden konzentriert war.

Im Gegensatz zu den Stellungnahmen der Betroffenen während der Ausschussberatungen im Bundestag gaben nur zwei Verbände vorzeitig eine Erklärung zum Regierungsentwurf ab. Beide Positionen[111] kamen aus den Reihen des Weinhandels. Während mit dem Bundesverband des Wein- und Spirituosenhandels ein großer, überregionaler Verband mit einer hauptamtlichen Führung seine Meinung zum Regierungsentwurf verlauten ließ, gab ungefähr zeitgleich der regionale Verband Rheinpfälzer Weinkellereien e.V. eine Stellungnahme ab. Dieser Verband war ebenfalls ein Handelsverband. Der Grund für seine Bezeichnung lag in der Tatsache, dass der Kunde mit dem Wort *Kellerei* oder *Weinkellerei* ein positiveres Gefühl assoziierte als mit dem Wort *Handel*. »Die Bezeichnung »Kellerei« weckt Assoziationen an die Kellerromantik, die Bestandteil der Weinideologie ist; »Kellerei« klingt mehr nach hegen und pflegen den nach verkaufen und Profit.«[112]

In seinen allgemeinen Vorbemerkungen zweifelte eben dieser regionale Verband nicht nur an der unmittelbaren Geltung der EWG-Verordnungen, was er mit den wesensfremden Verfahren begründete[113], durch die die EWG-Weinmarktordnung zu

---

[110] Vgl. Wehling, Hans-Georg [FN 4] S. 123.
[111] Die Ausarbeitungen und Schilderungen der Stellungnahmen basiert im Wesentlichen auf den vollständig veröffentlichten Ausführungen der beiden Verbände in der Allgemeinen Deutschen Weinfachzeitung 11/1971, S. 262 ff.
[112] Wehling, Hans-Georg [FN 4] S. 134.
[113] Als Grundlage für die Infragestellung der unmittelbaren Geltung der EWG-Verordnungen bezog sich der Verband auf das Verfahren in dem die Verordnungen der EWG zu Stande kamen. Hier betonte die Stellungnahme die fehlende parlamentarische Kontrolle während des Rechtssetzungsverfahrens der EWG sowie die Unvereinbarkeit der EWG-Weinmarktordnung mit dem

Stande gekommen sei. Die offizielle Stellungnahme des Kellereiverbandes stellte sogar die Römischen Verträge von 1957 in Frage, auf denen die gemeinsame EWG-Politik aufgebaut war. Aus diesen Behauptungen heraus forderte der Verband eine komplette Übernahme der europäischen Weinnormen in das neue nationale deutsche Weingesetz im Rahmen einer Einarbeitung in die betreffenden Stellen im Weingesetz oder »›zumindest als offizieller Anhang [...]‹«.[114] Außerdem sollte der deutsche Gesetzgeber die ihm von der EWG überlassenen Freiräume im Rahmen der EWG-Weinmarktorganisation voll ausnutzen.

Im weiteren Verlauf seiner Stellungnahme ging der Verband der Rheinpfälzer Weinkellereien auf einzelne Paragraphen des Regierungsentwurfs ein. Diese Kritik zielte besonders auf die Unvereinbarkeiten des Regierungsentwurfs mit der EWG-Verordnung.[115] Schon im § 2 des Regierungsentwurfs sah der Verband einen Widerspruch zu den damals geltenden Regelungen. Inländischer Wein, so der Regierungsentwurf, dürfe dann nur diese Bezeichnung tragen, wenn der entsprechende Wein aus Weintrauben produziert wurde, die »›ausschließlich aus nach dem Weinwirtschaftsgesetz genehmigten oder nicht genehmigungsbedürftigen inländischen Rebanlagen stammen.‹«[116] Nach den EWG-Normen sei es jedoch zulässig, einen bezeichnungsunschädlichen[117] deutschen Rotwein im Verhältnis 85:15 mit ausländischem Wein oder deutschen Weißwein zwischen den Weinbauzonen A und B ebenfalls in diesem Verhältnis zu verschneiden. Einen weiteren Widerspruch zu den von der EWG erlassenen Regelungen sah der Kellereiverband in der geplanten Regelung der Verarbeitung von Qualitätswein und in der Festlegung der Anreicherungsobergrenze. Dem Regierungsentwurf fehle, so der Verband, die Klausel, das Qualitätsweine bestimmter Anbaugebiete nur in diesem bzw. in der Nähe dieses Anbaugebietes verarbeitet werden dürften, wie es die EWG in der VO 1698/70 vorgeschrieben hätte. Die Anreiche-

---

Grundgesetz. Der Verband bezeichnete es als enteignungsgleich, dass es von Seiten der EWG ein Verbot zur Verarbeitung von Mosten unter 5° im Rahmen der Perlweinherstellung gab.

[114] Allgemeine Deutsche Weinfachzeitung 11/1971, S. 262.

[115] Diese Kritik am Regierungsentwurf widerspricht jedoch den in den Vorbemerkungen der Stellungnahme gemachten Äußerungen, nach denen der Verband die gesamte EWG-Weinmarktverordnung in Frage stellt da er sich nun auf eben diese bezieht.

[116] BR-Drucksache 88/71 § 2 Abs. 1.

[117] Für den Fall, dass ein Verschnitt von Weinen rechtlich gesehen nicht dem Verbraucher mitgeteilt werden muss, also nicht auf dem Etikett stehen muss, bezeichnet man diesen Verschnitt als *bezeichnungsunschädlich*.

rungsobergrenze sollte komplett wegfallen, da die EWG eine solche Grenze auch nicht gesetzt hatte.

Ein zweiter Komplex, dem der Kellereiverband im Rahmen seiner Kritik Bedeutung zukommen ließ, waren die Regelungen der Weinbezeichnung, da diese negative Auswirkungen auf den Export hätten. So forderten die Vertreter der Rheinpfälzer Weinkellereien eine Erlaubnis, lieblichen Qualitätswein b. A. aus dem Gebiet Rheinpfalz als Liebfrauenmilch[118] bezeichnen zu dürfen. Zur weiteren Klarheit gegenüber dem Verbraucher sollte ein Wein auch mit den Bezeichnungen *lieblich* oder *mild* bezeichnet werden dürfen, wenn er den gesetzlichen Anforderungen hierfür entspricht.

Ein weiterer Weinhandelsverband, der sich außerhalb des parlamentarischen Verfahrens zum Regierungsentwurf äußerte, war der Bundesverband des Deutschen Wein- und Spirituosenhandels e.V. Auch die Vorschläge dieses Handelsverbandes sprachen sich verständlicherweise für Verbesserungen und Änderungen im Hinblick auf den Handel mit Wein aus. Allerdings waren die Vorschläge, die in diesem Zusammenhang gemacht wurden, keine neuen, sondern im Allgemeinen mit denen identisch, die der Verband während des Hearings zum Referentenentwurf im Dezember 1970 gemacht hatte. So forderten seine Vertreter nochmals die Einteilung der bestimmten Anbaugebiete durch den Gesetzgeber und nicht durch eine Rechtsverordnung der Länder. In diesem Zusammenhang machte der Verband den Vorschlag, das deutsche Anbaugebiet gesetzlich in lediglich zwei Weinanbaugebiete zu unterteilen, nämlich in »1 Weinanbaugebiet, das die jetzigen Gebiete mit Ausnahme Badens umfasst [...] und als zweites Weinanbaugebiet Baden.«[119] Zu diesem ersten Anbaugebiet, das mit *Rhein* bezeichnet werden sollte, sollten die bisherigen Gebiete als Untergebiete zählen. Im Rahmen dieser Änderungen würden sich schließlich, so der Verband, die von der Regierung angegebenen Probleme des übergebietlichen Verschnitts von selbst erledigen, da der Großteil des deutschen Weines folglich in nur einem Anbaugebiet produziert würde. In punkto Regionalisierung der weingesetzlichen Regelungen lehnte es der Verband ab, die Bundesländer durch das Gesetz an bestimmte Mindestalkoholgehalte zu binden. Diese sollten die Freiheit besitzen, im Rahmen der natürlichen, regional unterschiedlichen Produktionsbedingungen eigenmächtig Entscheidungen zu

---

[118] Liebfrauenmilch galt als etablierte Typenbezeichnung eines deutschen Weines von lieblicher Art und guter Qualität im Ausland. Im Allgemeinen nahm Liebfrauenmilch den höchsten Exportanteil des deutschen Weinexports ein, besonders im angelsächsischen Raum. Heute geht die Bedeutung der Bezeichnung zurück. Genauere Angaben in: Koch, Hans-Jörg [FN 80] S. 84f.

[119] Allgemeine Deutsche Weinfachzeitung 11/1971, S. 265.

treffen. Eine Untergrenze sollten - wenn überhaupt - lediglich die von der EWG angegebenen Werte von 50° (Weinbauzone A) bzw. 57° (Weinbauzone B) bilden. Des Weiteren machte sich der Verband des Weinhandels für die Beibehaltung einiger bezeichnungsrechtlicher Vorschriften aus dem Weingesetz von 1969 stark.

Mit der Arbeitsgemeinschaft der Verbraucherverbände bezog auch eine Gruppierung, deren Zuständigkeit nicht allein und ausdrücklich auf den Wein beschränkt ist Stellung zu dem von der Bundesregierung gemachten Entwurf. Sie kritisierte den Weingesetzentwurf hinsichtlich seiner Vorschläge zur Kennzeichnung der Weine. Die Verbraucherschützer forderten von der Bundesregierung eine Kennzeichnungspflicht für die Schwefelung und Verbesserung des Weines, die wenn schon nicht unmittelbar im Gesetzestext enthalten, zumindest in einer Bundesrechtsverordnung geregelt werden sollte.[120]

---

[120] Vgl. Der Deutsche Weinbau 10/1971, S. 256. Da diese Stellungnahmen nicht in der offiziellen Liste der angeforderten und erhaltenen Stellungnahmen des Bundestages zu finden sind, ist davon auszugehen, dass die Betroffenen ihre Meinung ohne eine Aufforderung des Bundestages abgegeben haben. Mit den offiziell geforderten und eingegangenen Stellungnahmen wird sich das Kapitel über das parlamentarische Verfahren im Bundestag beschäftigen.

3. Der parlamentarische Gesetzgebungsprozess

3.1. Die Gesetzeseinbringung in den Bundesrat

»Die verfassungsrechtlichen Voraussetzungen des Zustandekommens, der Ausfertigung und Verkündung von Bundesgesetzen normieren die Art. 76 bis 78 und 82 GG.«[121] Das GG regelt in Bezug auf die Gesetzgebung der Bundesrepublik Deutschland allerdings nur die Rahmenbedingungen, es nennt die Organe, legt Zeitfristen fest und ordnet so das Zusammenspiel der wichtigen an der Gesetzgebung beteiligten Organe. »Die Regelung der einzelnen beteiligten Organe bleibt deren Geschäftsordnungen überlassen.«[122] In diesem vom Grundgesetz geregelten Rahmen wird festgelegt, wer das Initiativrecht zur Einbringung eines Gesetzes hat.[123] Für den Fall, dass ein Gesetz von der Bundesregierung eingebracht wird, sieht das GG in Artikel 76 Abs. 2 vor, dieses zunächst dem Bundesrat zuzuleiten. Dieser ist sodann berechtigt, innerhalb von sechs Wochen zum Gesetzesentwurf Stellung zu nehmen. Weiterhin wird die Bundesregierung ermächtigt, einen Gesetzesentwurf als besonders eilbedürftig zu bezeichnen, was generell zu einer Fristverkürzung auf drei Wochen führt.

Wie in den vorangegangenen Kapiteln bereits beschrieben, wurde der Gesetzentwurf zum Weingesetz ebenfalls im Rahmen dieser vom Grundgesetz vorgesehenen Möglichkeit durch die Bundesregierung eingebracht. Somit musste der Regierungsentwurf zum Weingesetz zunächst dem Bundesrat zugeleitet werden. Hierbei machte die damalige Bundesregierung von der Regelung Gebrauch, eine Vorlage als besonders eilbedürftig einzustufen, der Bundesrat hatte seine Stellungnahme also bereits nach drei Wochen abzuliefern. Am 19.02.1971 wurde schließlich die Gesetzesvorlage der Bundesregierung unter der Drucksachennummer 88/71 beim Bundesrat eingereicht. Als federführendes Bundesministerium wurde das Ministerium für Jugend, Familie und Gesundheit angegeben.

---

[121] Hesse, Konrad: Grundzüge des Verfassungsrechts der Bundesrepublik Deutschland. Neudruck der 20. Auflage, Heidelberg 1999, S. 220.
[122] Ebd. S. 220.
[123] Art. 76 Abs. 1. GG In den weiteren Absätzen des Artikels 76 GG werden nähere Angaben zu den unterschiedlichen Einbringungsmethoden und deren Fristen gemacht.

3.1.1. Begründung der Bundesregierung

Der Gesetzesentwurf der Bundesregierung beinhaltete neben dem vollständigen Gesetzestext auch eine schriftliche Begründung der Bundesregierung zur Notwendigkeit der Beantragung eines neuen Weingesetzes.

Zunächst werden hierin die EWG-Vorschriften zur gemeinsamen Marktorganisation des Weinmarktes als der ausschlaggebende Punkt für ein neues Weingesetz angebracht. Die beiden EWG-Verordnungen 816/70 und 817/70 hätten, so die Bundesregierung, allgemeine Geltung erlangt und seien in allen Mitgliedstaaten zu unmittelbar geltendem Recht geworden. Da das nationale Weinrecht den selben Sachbereich normierte wie die neu geschaffenen EWG-Verordnungen, seien diese bestehenden nationalen Regelungen nicht mehr anwendbar. Das kürzlich geschaffene Weingesetz von 1969, das 1971 in Kraft treten sollte, könne daher nicht in nationales Recht umgesetzt werden. »Aus Gründen der Übersichtlichkeit und der damit verbundenen Erhöhung der Rechtssicherheit ist daher eine Überprüfung des Weingesetzes 1969 und eine Zusammenfassung aller Rechtsvorschriften über Wein [...], die von den EWG-Verordnungen nicht berührt werden und daher weiter anwendbar sind«[124] erforderlich. Darüber hinaus müssten die nationalen Normen an die zahlreichen Ermächtigungen, die die EWG-Verordnungen den Mitgliedsaaten gegeben hätten, angepasst werden. Eine Bewährung der weinrechtlichen Normen mit Sanktionen müsste ebenfalls geschehen.

Als systematische Grundlage für das neue Weingesetz sah die Bundesregierung in ihrer Begründung das Weingesetz von 1969 an. Sachbereiche für die eine EWG weite Regelung zu erwarten sei, sollten als Rechtsverordnungen[125] vorgesehen werden.

Im zweiten Teil der Begründung verwies die Bundesregierung darauf, dass im Vergleich zum Weingesetz von 1969 dem Bund, den Ländern und den Gemeinden keine zusätzlichen Kosten anfallen würden.

---

[124] BT-Drucksache VI/1963, Begründung.
[125] Rechtsverordnungen sind Rechtssätze, die von der Exekutive auf Grund einer gesetzlichen Ermächtigung erlassen werden können. Ihren verfassungsmäßigen Niederschlag finden Rechtsverordnungen im Art. 80 GG, wo die grundlegenden Bedingungen für Rechtsverordnungen verfasst sind. Im Falle des Weingesetzes hatten Rechtsverordnungen den Vorteil, dass im Falle von neuen EWG-Regelungen nicht das komplette neue Weingesetz geändert werden musste, sondern nur die betreffende Rechtsverordnung. Da man wusste, dass die EWG das Wein-Bezeichnungsrecht ändern wollte, sollten die damit zusammenhängenden Regelungen im neuen Weingesetz als Rechtsverordnung geregelt werden.

3.1.2. Der Gesetzentwurf im Bundesrat

Der von der Bundesregierung am 19.02.1971 im Bundesrat eingebrachte Gesetzentwurf für ein neues Weingesetz wurde sofort an den Rechtsausschuss[126] des Bundesrates weitergeleitet. Dieser sollte zunächst alle juristischen Feinheiten der Gesetzesvorlage analysieren und gegebenenfalls Korrekturvorschläge machen. In seiner 366. Sitzung beschloss der Rechtsausschuss des Bundesrates am 24. Februar 1971 zunächst einen Unterausschuss zur Vorbereitung seiner Beratungen einzusetzen.[127] Dieser Unterausschuss sollte wie es die GO des Bundesrates vorsieht, aus Vertretern aller Bundesländer bestehen. Sein erster Sitzungstermin wurde auf den 10. März 1971 festgelegt. Den Vorsitz sollte das Weinbaubundesland Baden-Württemberg übernehmen. In seiner Sitzung am 10. März 1971 beriet dieser Unterausschuss zunächst über allgemeine verfassungsrechtliche Fragen und einige Einzelvorschriften aus der Gesetzesvorlage der Bundesregierung. Abschließend stellte er die Zustimmungsbedürftigkeit[128] des Gesetzes fest.[129]

---

[126] Der Bundesrat hat nach Artikel 52 Abs. 4 das Recht Ausschüsse einzusetzen. Diese sollen dem Plenum Empfehlungen zur Beschlussfassung geben. Neben den ständigen Ausschüssen, die die wichtigsten Sachbereiche umfassen, kann der Bundesrat auch Sonderausschüsse einsetzen (§ 11 Abs. 1 GOBR). Nach § 36 der Geschäftsordnung des Bundesrates weist der Präsident die betreffende Vorlage den jeweiligen Ausschüssen zu und bestimmt den federführenden Ausschuss, sofern die Vorlage an mehrere Ausschüsse des Bundesrates geleitet wurde. Als federführender Ausschuss in Sachen Weingesetz wurde der BR-Ausschuss für Jugend, Familie und Gesundheit eingesetzt.

[127] Vgl. Protokoll der 366. Sitzung des Bundesrats-Rechtsausschuss, Tagesordnungspunkt 9a, S. 35. in: Archiv des Deutschen Bundestags (Im Folgenden zitiert als Parlamentsarchiv) Gesetzesmaterialien zum Weingesetz 1971. Lfd. Nr. 4. Seit der Neufassung der GOBR im Jahre 1966 wurde hierin die Einsetzung von Unterausschüssen schriftlich fixiert. „In früheren Geschäftsordnungen des Bundesrates waren Unterausschüsse nicht berücksichtigt worden, obwohl in der Praxis auch damals Unterausschüsse eingesetzt wurden, die die Arbeit von Ausschüssen vorbereiteten." Reuter, Konrad: Praxishandbuch Bundesrat: verfassungsrechtliche Grundlagen, Kommentar zur Geschäftsordnung, Praxis des Bundesrates. Heidelberg 1991, S. 604. Eingesetzt werden die Unterausschüsse nach § 39 Abs. 4 GOBR von den eigentlichen Ausschüssen selbst. Mitglieder dieser Unterausschüsse können grundsätzlich nur die Mitglieder der betreffenden Ausschüsse werden. Nach Erledigung der Aufgabe werden diese Unterausschüsse wieder aufgelöst.

[128] Im verfassungsmäßigen Gesetzgebungsverfahren unterscheidet man zwischen Zustimmungs- und Einspruchsgesetzen. Die vom Bundestag nach drei Lesungen beschlossenen Gesetze werden dem Bundesrat zugeleitet, der hierzu ebenfalls seine Zustimmung geben muss. Sind sich Bundestag und Bundesrat über die Gesetzesvorlage nicht einig, besteht die Möglichkeit nach Art. 77 Abs. 2 einen gemeinsamen Vermittlungsausschuss anzurufen. Dieser Vermittlungsausschuss besteht aus einer gleichen Anzahl von Mitgliedern des Bundestages und des Bundesrates. Der Vorteil dieses Ausschusses liegt in der kleinen Gruppe, deren Sitzungen nicht öffentlich sind. Hier besteht die Möglichkeit, einen parteiübergreifenden Kompromiss zu finden, der in einer großen,

Die Zustimmungsbedürftigkeit des Weingesetzes durch den Bundesrat brachte den Weinbaubundesländern einen zusätzlichen Machtfaktor in der Ausgestaltung des Weingesetzes und in der Durchsetzung ihrer jeweiligen Interessen, da die betroffenen Bundesländer wichtige Positionen in den Ausschüssen besetzen und somit erheblichen Einfluss auf die Beratungen ausüben konnten.

Da die Gesetzesvorlage der Bundesregierung im Bundesrat nicht nur rechtsüberprüft, sondern auch von fachlicher Seite her begutachtet werden sollte, wurde ein gemeinsamer Unterausschuss[130] des Agrarausschusses und des Ausschusses für Jugend, Familie und Gesundheit gebildet. Dieser gemeinsame Unterausschuss wurde in den darauf folgenden Beratungen immer als *UA-Weinrecht* bezeichnet. Neben den in der Sitzung vom 8. und 9. März 1971 zahlreich gemachten Änderungsvorschlägen zu den einzelnen Paragraphen des Regierungsentwurfs fügte der UA-Weinrecht einige Paragraphen zusätzlich in seine Empfehlungen ein. Hier bemühte sich Rheinland-Pfalz, das durch Regierungsdirektor Dr. Vevera den Vorsitz dieses Unterausschusses inne hatte, besonders seine Vorstellungen durchzusetzen.

In seiner 300. Sitzung am 11. März 1971 beriet der Agrarausschuss des Bundesrates, dessen Vorsitzender der rheinland-pfälzische Weinbauminister Otto Meyer war, über die Empfehlungen des UA-Weinrecht. Eine weitere Beratung des Rechtsausschusses fand am 17. März 1971 statt, einen Tag bevor der federführende Ausschuss für Jugend, Familie und Gesundheit zu seinem abschließenden Treffen zusammenkam. Am 18. März 1971 beriet der Ausschuss auf seiner 64. Sitzung über sämtliche bisher gemachten Empfehlungen der Ausschüsse und Unterausschüsse. Diese wurden am 22. März 1971 unter der Drucksachennummer BR 88/1/71 zusammengefasst[131] und am 2.

öffentlichen Gruppe nicht zu Stande gekommen wäre. Ein Zustimmungsgesetz ist gescheitert, wenn der Bundesrat dem Vermittlungsvorschlag nicht zustimmt. Ein Einspruchsgesetz kann der Bundestag mit einer Zweidrittelmehrheit auch gegen den Willen des Bundesrats durchsetzen. Zur genaueren Erklärung des Zusammenspiels von Bundestag und Bundesrat vgl. Hesse, Konrad [FN 121] S. 220ff.

[129] Vgl. Protokoll der BR-Rechtsausschuss UA-Sitzung vom 10.03.1971. in: Parlamentsarchiv, Gesetzesmaterialien zum Weingesetz 1971. Lfd. Nr. 3.

[130] Reuter leitet die Zulässigkeit von gemeinsamen Unterausschüssen zweier ständiger Ausschüsse aus dem Recht ab, selbst zu gemeinsamen Sitzungen zusammentreten zu können, wie dies im § 39 Abs. 3 GOBR vorgesehen ist. Vgl. Reuter, Konrad [FN 127] S. 606.

[131] Eigentlich sind alle Ausschüsse des Bundesrates gleichberechtigt, somit hat jeder Ausschuss das Recht, seine Positionen getrennt von denen der anderen Ausschüsse dem Plenum vorzustellen. Selbst der federführende Ausschuss hat kein Vorentscheidungsrecht gegenüber den mitberatenden Ausschüssen. Von diesem Recht machten die betreffenden Ausschüsse der Weingesetzberatung keinen Gebrauch. Vgl. Reuter, Konrad [FN 127] S. 601.

April 1971 dem Plenum des Bundesrates[132] vorgestellt. Die Berichterstattung übernahm der Vorsitzende des federführenden Ausschusses Minister Dr. Wicklmayr. Wicklmayr begründete zunächst den Bedarf eines neuen Weingesetzes. Hierbei orientiert er sich stark an der von der Bundesregierung abgegebenen Begründung, nach der die EWG-Verordnungen der auslösende Faktor zur Forderung eines neuen Weingesetzes gewesen seien. In seinem Bericht ging er im weiteren Verlauf nur in einzelnen Fällen auf die gemeinsamen Empfehlungen der Ausschüsse ein, zusammenfassend verwies er aufgrund der zahlreichen Änderungsvorschläge auf die Drucksache 88/1/71. Im Allgemeinen sollten die von den Ausschüssen gemachten Änderungsvorschläge bewirken, ››dass das Gesetz in seiner Durchführung für Hersteller, Handel, Verbraucher und Überwachung praktikabler gestaltet wird und die Qualitätsanforderungen an Wein verbessert werden.‹‹[133] Im einzelnen forderte er im Namen der Ausschüsse die Bundesregierung auf, die Herstellungsvorschriften für Perlwein denen der vom 69er Weingesetz vorgesehenen anzupassen sowie innerhalb der EWG darauf hinzuwirken, ››dass die Vorschriften über die Entsäuerung und die Verfahren der Süßung so gefasst werden, dass sie in der Praxis gehandhabt werden können.‹‹[134]
Im sich hieran anschließenden Abstimmungsverfahren stimmten die Mitglieder des Bundesrates mit Mehrheit für die Empfehlung der Ausschüsse.

Zusammenfassend lässt sich im Bundesratsverfahren eine starke Einigkeit unter den einzelnen Mitgliedern feststellen. Rheinland-Pfalz wurde auch in diesem Organ durch die Besetzung der beiden Vorsitzendenposten[135] im Agrarausschuss und im UA-Weinrecht seiner starken Stellung im Verfahren der Weingesetzgebung gerecht, zumal es in eben diesem Unterausschuss viele seiner Forderungen durchsetzen konnte.

3.2. Der Gesetzentwurf im Bundestag – Erste Beratung

Aufgrund der gebotenen Eile stufte die Bundesregierung ihren Gesetzentwurf also als besonders eilbedürftig ein. Dies hatte, wie es das GG vorsieht, eine Fristverkürzung beim Bundesrat zur Folge, was wiederum der Bundesregierung die Möglichkeit er-

---

[132] Vgl. 364. Sitzung des Bundesrates vom 2. April 1971, S. 107 ff.
[133] Minister Dr. Wicklmayr in der 364. Sitzung des Bundesrates am 2. April 1971, S. 108.
[134] Ebd. S. 108.
[135] Die große Bedeutung eines Ausschussvorsitzenden wird im nächsten Kapitel näher erläutert.

öffnete, die Vorlage auch ohne Stellungnahme des Bundesrates an den Bundestag weiterzuleiten.[136]

Am 24. März 1971 fand in der 109. Sitzung des Deutschen Bundestages[137] die erste Beratung zum Weingesetz, offiziell ››Entwurf eines Gesetzes über Wein, Likörwein, Schaumwein, weinhaltige Getränke und Branntwein aus Wein‹‹, statt. Das weitere Verfahren bei der Gesetzgebung überlässt dass GG auch hier wieder einer Geschäftsordnung - der Geschäftsordnung des Deutschen Bundestages (GOBT). Nach § 79 der GOBT findet eine Aussprache zu einer Gesetzesvorlage in der ersten Beratung nur dann statt, wenn es vom Ältestenrat des Bundestags empfohlen wird oder eine Fraktion hierzu den Antrag gestellt hat.[138] Für den Fall, dass dies nicht vorkommt, schlägt der Ältestenrat einen Ausschuss vor, in dem die Vorlage beraten werden soll.[139]

Dem Bundestag und im speziellen den einzelnen Abgeordneten fällt also im Gesetzgebungsverfahren eine tragende Rolle zu. Ob man den Einfluss des Weinbaus auf die Politik und die Verhandlungen im Bundestag jedoch an Hand der Zahl der Winzer im Parlament ablesen kann, scheint fraglich.[140] Da im Bundestag nur wenige Winzer vertreten waren, kann man keine solchen Zusammenhänge festhalten. Eine andere Methode, die die parteipolitische Stellung in Sachen Weinbau im Bundestag ergründen kann, ist die Untersuchung der Mitglieder des Bundestages nach ihrer Herkunft bzw. nach ihrem Wahlkreis. Liegt nämlich ein solcher Wahlkreis in einem der klassischen Weinbaugebiete der Bundesrepublik Deutschland, kann man davon ausgehen, dass sich der betreffende Abgeordnete als *Weinbaupolitiker* bezeichnen und sich für die Interessen der Winzer einsetzen würde. Dieser Theorie folgt Wehling, der sogar so-

---

[136] Nach Art. 76 Abs. 2 S. 4 GG kann die Bundesregierung eine Gesetzesvorlage, die sie als besonders eilbedürftig eingestuft hat, auch ohne die Stellungnahme des Bundesrates an den Bundestag weiterleiten. Die Stellungnahme des Bundesrates ist nach Erhalt unverzüglich dem Bundestag zuzuleiten.
[137] Vgl. Deutscher Bundestag, VI. Wahlperiode, 109. Sitzung, 24. März 1971, S. 6470.
[138] Genaueres zur ersten Beratung siehe: §§ 79 und 80 GOBT.
[139] Der § 80 der GOBT regelt das weitere Verfahren zur Überweisung einer Gesetzesvorlage an einen Ausschuss. In der Regel werden die Vorlagen nur an einen Ausschuss überwiesen, in besonderen Fällen jedoch lässt es die GOBT jedoch zu, dass eine Vorlage an weitere Ausschüsse zur Beratung weitergeleitet werden darf. In diesem Fall muss ein federführender Ausschuss bestimmt werden, der für die weitere Behandlung des Entwurfs verantwortlich ist.
[140] Wehling lehnt einen solchen Zusammenhang strikt ab, eine plausible Erklärung kann man in seinen Ausführungen jedoch nicht finden. Vgl. Wehling, Hans-Georg [FN 4] S. 126.

weit geht, dass er grundsätzlich alle Abgeordneten aus Weinbaugebieten als Vertreter von Weinbauinteressen ansieht.[141]

Im 6. Deutschen Bundestag, der für die Weingesetzgebung im Jahre 1971 zuständig war, befanden sich unter den 518 Abgeordneten insgesamt 32 Abgeordnete, die in der amtlichen Statistik unter das Berufsfeld *Landwirt* gezählt wurden. Die Unionsfraktion beheimatete 27, die SPD 1 und die FDP-Fraktion 4 Landwirte.[142] Das diese nicht die ausschließliche Lobby der Winzer im Parlament stellten, kann man daran erkennen, dass die Abgeordneten, die sich im Rahmen der Weingesetzdiskussion zu Wort gemeldet haben, auch solche waren, die anderen Berufsfeldern entstammten.

Da das Bundestagsplenum und somit auch seine Ausschüsse von den Parteien, die im Bundestag vertreten sind, besetzt werden, gehören Parteien bzw. deren Vertreter neben den speziellen Interessenvertretungen der Winzer, sprich den Verbänden, zu den wichtigen Ansprechpartnern der Betroffenen. Dies beruht nicht nur auf den formalen Vorgaben des GG, nach dem die Parteien an der politischen Willensbildung des Volkes mitwirken[143], sondern auch auf den praktischen Erfahrungen der Abgeordneten, die immer wieder auch direkte Anlaufstelle für die Bürger sind. Nach einer Umfrage[144] im betreffenden Zeitraum stehen die Landwirte mit 93 Prozent Wahlbereiter an der Front der Berufsgruppen, die sich potentiell zur Wahl bereit erklären. Diese Tatsache, dass in den 1970er Jahren gut 90 Prozent der Landwirte bereit waren, von ihrem Wahlrecht Gebrauch zu machen, brachte ihnen großen Respekt seitens der Parteien ein. Welche Partei nun von den Landwirten, zu denen auch die Winzer zählen, bevorzugt wurde, lässt sich an Hand von Befragungen feststellen. »Nach einer Umfrage im Jahre 1955 zeigen die Parteipräferenzen der Landwirte folgendes Bild: CDU 57%, SPD 10%, FDP 15%.«[145]

Betrachtet man sich die Wahlergebnisse der klassischen Weinbaubundesländer zu dieser Zeit, kann man diesen Trend bestätigen. In Rheinland-Pfalz stellte die CDU in den Jahren der Weingesetzgebung die größte Fraktion im Landtag, im Jahre 1971 er-

---

[141] Allerdings fehlt auch hier wieder der genaue Beleg für eine solche Behauptung.
[142] Vgl. Schindler, Norbert [FN 68] Band I, S. 699.
[143] Vgl. Art. 21 GG
[144] Vgl. Ackermann, Paul: Der Deutsche Bauernverband im politischen Kräftespiel der Bundesrepublik. Die Einflussnahme des DBV auf die Entscheidung über den europäischen Getreidepreis. Tübingen 1970, S. 27 ff.
[145] Vgl. Noelle, Elisabeth: Auskunft über die Parteien, Allensbacher Schriften Nr. 2, Allensbach, ohne Jahr, S. 14.

reichte sie sogar die absolute Mehrheit. Die baden-württembergische Regierung wurde in dieser Zeit ebenfalls von der CDU gestellt, im Jahre 1968 in einer Koalition mit der SPD. In der darauf folgenden Wahl 1972 konnte sie wie in Rheinland-Pfalz die absolute Mehrheit erreichen. Hieraus lassen sich die unterschiedlichen Zielsetzungen der Parteien erschließen. Die CDU wollte ihre großen Wähleranteile bei den Landwirten und somit auch bei den Winzern nicht verlieren, die SPD wiederum hatte sich zum Ziel gesetzt, Wählerstimmen bei den Landwirten hinzu zu gewinnen. Im Hinblick auf die Weingesetzgebung macht dies das Verhalten der beiden Parteien, im Besonderen das der CDU/CSU im Bundestag bzw. im UA-Weingesetz deutlich. Nach den Protokollen dieses Ausschusses, waren es immer wieder die Abgeordneten der CDU, die sich maßgeblich an der Diskussion im Ausschuss beteiligten und regelmäßig auch einzelne, persönlich Vorschläge in die Diskussion mit eingebracht hatten.

Für die einschlägigen Beratungen zum Weingesetz wurden der Ausschuss für Jugend, Familie und Gesundheit sowie der Ausschuss für Ernährung, Landwirtschaft und Forsten vorgeschlagen, wobei der erstgenannte der federführende Ausschuss sein sollte. Hierzu stellte die Vizepräsidentin des Deutschen Bundestages Funcke auf der 109. Sitzung keine Einwände fest. Die Gesetzesvorlage des Weingesetzes wurde also an die beiden genannten Ausschüsse zur weiteren Beratung überwiesen.

Um einen Überblick über die Kompetenz der mit den Weingesetz beschäftigten Ausschüsse[146] zu erhalten, lassen sich also deren Mitglieder und ihre Herkunft heranziehen. Am Weingesetz waren folgende Ausschüsse beteiligt:

Ausschüsse im Bundesrat:

    1. Agrarausschuss des Bundesrates
    2. Rechtsausschuss des Bundesrates
    3. Bundesratsausschuss für Jugend, Familie und Gesundheit
    4. Gemeinsamer Unterausschuss der Ausschüsse 2 und 3

---

[146] Die Bildung der Ausschüsse regelt die Geschäftsordnung des Bundestags, im Allgemeinen werden sie analog zu den bestehenden Ministerien gebildet. Ihre Aufgabe liegt in der Entlastung des Parlaments, da hier die entscheidenden Vorarbeiten zu Gesetzen geleistet werden. Wegen ihrer Bedeutung im Rahmen der Gesetzgebung müssen die Bundestagsausschüsse „ein verkleinertes Abbild des Plenums" sein. (BVerfGE 84,304)

Ausschüsse im Bundestag:

5. Bundestagsausschuss für Ernährung, Landwirtschaft und Forsten
6. Bundestagsausschuss für Jugend, Familie und Gesundheit
7. Gemeinsamer Unterausschuss der Ausschüsse 5 und 6

Aus den Protokollen der Bundesratsausschusssitzungen lassen sich lediglich die beteiligten Bundesländer erkennen, eine Ermittlung der Namen der einzelnen Vertreter ist bis auf den Ausschussvorsitzenden des BR-Agrarausschuss (Otto Meyer, Weinbauminister Rheinland-Pfalz) nicht möglich.

3.2.1. Die Ausschussphase im Bundestag

»Während die formellen Verfahrensregeln die Stellung des Bundestagspräsidenten hervorheben, unterschätzen sie die Stellung der Bundestagsausschüsse.«[147] In der GOBT wird lediglich die Gründung solcher ständigen Ausschüsse festgelegt, nicht jedoch die Sachbereiche, mit denen sich die Ausschüsse beschäftigen sollen. Erst mit Beginn der VI. Wahlperiode wurde jedem Bundesministerium ein ständiger Ausschuss zugeordnet.[148] Nach der GOBT setzt der Bundestag Ausschüsse zur Vorbereitung seiner Verhandlungen ein, diese geben dem Plenum des Bundestags lediglich Empfehlungen, die die Abgeordneten bei ihrer Entscheidung leiten sollen. »In der Praxis hat sich allerdings eine nicht unbedeutende Autonomie entwickelt [...]«[149], Ausschussentscheidungen haben längst einen weit höheren Stellenwert als bloße Empfehlungen. Der Grund für diese Autonomie liegt in der Tatsache, dass die Arbeitsorganisation der Ausschüsse völlig unabhängig vom Bundestag ist.[150] Ist eine Gesetzesvorlage erst einmal an einen Ausschuss überwiesen worden, hat der Bundestag keinen wesentlichen Einfluss mehr auf das weitere Verfahren. Die GOBT, in der das Ausschussverfahren im Speziellen geregelt ist, sieht zwar einige Zeitgrenzen vor,

---

[147] Loewenberg, Gerhard: Parlamentarismus im politischen System der Bundesrepublik Deutschland. Tübingen 1969, S. 182.
[148] Vgl. Sontheimer, Kurt; Wilhelm Bleek: Grundzüge des politischen Systems Deutschlands. Aktualisierte Neuausgabe, Bonn 2002, S. 294.
[149] Loewenberg, Gerhard [FN 147] S. 183.
[150] Vgl. ebd. S. 188.

diese sind jedoch sehr weit gefasst.[151] Genau diese eher offene Zeitregelung und die ihm übertragenen Rechte in der GOBT verleihen dem Ausschussvorsitzenden einen relativ großen Machtfaktor. Dem Vorsitzenden obliegt laut § 59 GOBT »die Vorbereitung, Einberufung und Leitung der Ausschußsitzungen sowie die Durchführung der Ausschussbeschlüsse«[152], er kann Sitzungen selbständig einberufen und legt die Tagesordnung fest. Allerdings muss der Vorsitzende auch kompromissbereit gegenüber allen Fraktionen sein, da eine zu parteiische Haltung die Verhandlungen innerhalb des Ausschusses behindern kann und kein vernünftiges Arbeiten zulassen würde. Das Ansehen des Vorsitzenden außerhalb des Ausschusses hängt also sehr stark vom Vertrauen ab, das ihm die Ausschussmitglieder entgegenbringen und ihm somit sicherlich auch Spielraum in seiner Verhandlungsführung lassen. Ein ständiger und guter Kontakt mit den Obleuten der anderen Fraktionen ist deshalb unerlässlich.[153]

Die Zusammensetzung der Ausschüsse beruht auf dem Stärkeverhältnis der einzelnen Fraktionen im Bundestag. Jeder Ausschuss stellt quasi spiegelbildlich das Plenum des Bundestags in verkleinerter Weise dar. Der Vorsitzende und dessen Stellvertreter werden nach den Vereinbarungen des Ältestenrates gewählt. »Die Parteien können sich die Ausschüsse, an deren Vorsitz sie interessiert sind [...] aussuchen, und oft tauschen sie auch untereinander.«[154] Teilnehmer der Ausschusssitzungen sind die ihm angehörigen Abgeordneten, aber auch Mitglieder des Bundesrates und vor allem Beamte der Bundesregierung, die durch einen hohen Sachverstand die Ausschussberatungen beeinflussen können.[155]

Der Bundestagsausschuss für Ernährung, Landwirtschaft und Forsten bestand in der 6. Wahlperiode aus 33 Mitgliedern. Seine Vorsitzenden waren Martin Schmidt (SPD) und Karl Bewerunge (CDU). Beide kamen aus Nicht-Weinbauländern, Schmidt aus Niedersachsen, Bewerunge stammt aus Nordrhein-Westfalen. Die Vorsitzenden des mit 29 Abgeordneten besetzten Ausschuss für Jugend, Familie und Gesundheit waren

---

[151] Nach § 62 sind die Ausschüsse lediglich zu baldiger Erledigung der Aufgabe verpflichtet, eine genau festgelegte Dauer des Verfahrens ist jedoch nicht zu finden. Zehn Sitzungswochen nach Überweisung der Gesetzesvorlage an den Ausschuss, kann nach § 62 Abs. 2 GOBT jedoch ein Bericht vom Vorsitzenden oder Berichterstatter verlangt werden.
[152] § 59 Abs. 1 GOBT
[153] Schick, Rupert; Zeh, Wolfgang [FN 94] S. 99.
[154] Loewenberg, Gerhard [FN 147] S. 191.
[155] Die Mitglieder des Bundesrates und der Bundesregierung haben das Recht in den Ausschusssitzungen jederzeit gehört zu werden.

Rudolf Hauck (SPD) und Gerhard Jungmann (CDU/CSU). Auch dieser war, betrachtet man sich die Herkunft der Vorsitzenden, an seiner Spitze nicht mit Weinbaupolitikern besetzt - beide kamen aus Niedersachsen.

Nach der Geschäftsordnung des Bundestages haben die oben erwähnten ständigen Ausschüsse die Möglichkeit Unterausschüsse zu bilden, in denen sich die Beratung noch weiter spezialisieren und konkretisieren lässt. Sie haben weiterhin die Möglichkeit, sich zum Zwecke ihrer Meinungsfindung Expertenmeinungen einzuholen oder Anhörungen mit diesen Experten durchzuführen.

Betrachtet man sich nun den von beiden Bundestagsausschüssen gegründeten Unterausschuss ››Weingesetz‹‹, so ist hier ein Übergewicht an Weinbaupolitikern im Sinne der vorausgegangenen Definition[156] zu erkennen. Lediglich zwei der Mitglieder stammen aus Bundesländern, in denen kein Wein angebaut wird.

3.2.2. Der UA-Weingesetz

Anders als bei den Vorbereitungen zum 69er Weingesetz[157] konnten sich die beiden ständigen Ausschüsse darauf einigen, einen solchen gemeinsamen Unterausschuss zu bilden. Schon im Januar, also noch vor der endgültigen Verabschiedung der Vorlage im Bundeskabinett, beschloss der Bundestagsausschuss für Ernährung, Landwirtschaft und Forsten auf Vorschlag seines Vorsitzenden, einen gemeinsamen Unterausschuss mit dem federführenden Ausschuss für Jugend, Familie und Gesundheit anzuregen.[158] Einen Tag später bat der Ausschussvorsitzende Dr. Martin Schmidt schriftlich seinen Kollegen Hauck vom Gesundheitsausschuss einen gemeinsamen Unter-

---

[156] Nach der man alle Bundestagsabgeordneten aus Bundesländern mit Weinbau auch als Weinbaupolitiker bezeichnen kann.

[157] Da die Beratung zum Weingesetz von 1969 in zwei unterschiedliche Legislaturperioden, nämlich in die IV. und V. Wahlperiode fiel, musste in der V. Wahlperiode erneut über die Einsetzung eines Unterausschusses beraten werden. Der in der IV. Wahlperiode noch von beiden Ausschüssen gewünschte und schließlich auch eingesetzte Unterausschuss „Weingesetz" wurde in der V. Wahlperiode nicht mehr gebildet, da der Gesundheitsausschuss keinen Bedarf für einen solchen Unterausschuss sah.

[158] Vgl. Parlamentsarchiv: Gesetzesmaterialien zum Weingesetz von 1971, Lfd. Nr. 17, Kurzprotokoll der 32. Sitzung des Ausschusses für Ernährung, Landwirtschaft und Forsten am 21. Januar 1971, S. 5.

ausschuss einzusetzen.[159] Die Mitglieder dieses Unterausschusses sollten benannt werden, »sobald die Weingesetz-Novelle akut ist [...].«[160] Der Ausschuss für Jugend, Familie und Gesundheit wurde auf seiner 31. Sitzung am 4. März 1971 über das Vorhaben des Landwirtschaftsausschusses informiert. Die erste und konstituierende Sitzung des gemeinsamen Unterausschusses fand am 25. März 1971 statt.

Dieser Unterausschuss, im Folgenden als UA-Weingesetz bezeichnet, besaß, wie die Tabelle 1 zeigt, aufgrund seiner Mitglieder eine hohe Kompetenz in Sachen Wein.

CDU	Gölter	Dr. Georg	12. Ausschuss	Rheinland-Pfalz
	Jungmann	Dr. Gerhard	12. Ausschuss	Niedersachsen
	Wagner	Dr. Carl-Ludwig	12. Ausschuss	Rheinland-Pfalz
	Bremm	Klaus	9. Ausschuss	Rheinland-Pfalz
	Schulze-Vorberg	Dr. Max	9. Ausschuss	Bayern
	Susset	Egon	9. Ausschuss	Baden-Württemberg
SPD	Bay	Hans	12. Ausschuss	Baden-Württemberg
	Bechert	Dr. Karl	12. Ausschuss	Hessen
	Seppi	Elfriede	12. Ausschuss	Rheinland-Pfalz
	Fischer	Dr. Willi	9. Ausschuss	Rheinland-Pfalz
	Marquardt	Werner	9. Ausschuss	Niedersachsen
	Welslau	Heinrich	9. Ausschuss	Nordrhein-Westfalen
FDP	Gallus	Georg	9. Ausschuss	Baden-Württemberg
	Spitzmüller	Kurt	12. Ausschuss	Baden-Württemberg

9. Ausschuss = Ausschuss für Ernährung, Landwirtschaft und Forsten
12. Ausschuss = Ausschuss für Jugend, Familie und Gesundheit
Tabelle 1

Die noch genauere Aufschlüsselung der Abgeordneten, nicht nur nach ihrem Bundesland, sondern nach ihrem Wahlkreis, macht die Sachkompetenz des Unterausschusses noch deutlicher. 8 der 14 Abgeordneten entstammten direkt einer Weinregion und

---

[159] Vgl. ebd. Lfd. Nr. 18. Brief des Ausschussvorsitzenden Schmidt an seinen Kollegen des Gesundheitsausschusses Hauck.
[160] Ebd.

sind somit nach der vorausgegangenen Definition als Weinbaupolitiker zu verstehen. Die Abgeordneten Susset (SPD) und Gallus (FDP) waren gar Landwirte.[161] Mit Hinblick auf die Herkunft der Mitglieder des Unterausschusses »Weingesetz« lässt sich ebenfalls wieder die besondere Stellung des Bundeslandes Rheinland-Pfalz im Verlaufe des Gesetzgebungsverfahrens feststellen - 5 der 14 Mitglieder stammten aus diesem Bundesland. Einer der 5, Klaus Bremm (CDU) aus dem Wahlkreis Cochem, war sogar Winzermeister.

3.2.3. Die Beratungen im UA-Weingesetz

Am Donnerstag, den 25. März 1971 fand die erste Sitzung dieses Unterausschusses statt, einziger Tagesordnungspunkt war seine Konstituierung.[162] Der CDU-Abgeordnete Dr. Gerhard Jungmann, Mitglied des Ausschusses für Jugend, Familie und Gesundheit, erklärte, dass er vom Ausschussvorsitzenden zum Vorsitzenden des UA-Weingesetzes vorgeschlagen worden war. Der Unterausschuss akzeptierte den Vorschlag nach dieser kurzen Erklärung. Somit war, was taktisch sehr klug war, kein rheinland-pfälzer CDU-Abgeordnete Vorsitzender dieses Unterausschusses, denn wie oben bereits erläutert, hat der Vorsitzende zwar ein nicht zu verachtendes Machtpotential, er muss aber immer auch eine kompromissbereite Position innerhalb der Diskussion einnehmen. Die anderen rheinland-pfälzischen Mitglieder des Unterausschusses konnten sich somit voll und ganz auf die Durchsetzung ihrer Anliegen konzentrieren.

Jungmann ging nach seiner Bestätigung als Vorsitzender unmittelbar auf Sachfragen ein. So hielt er es für zweckmäßiger, die Verweise auf die entsprechenden EWG-Verordnungen innerhalb des neuen deutschen Weingesetzes in den Text des deutschen Weingesetzes einzubauen.[163] Die Vertreterin des Bundesministeriums für Jugend, Familie und Gesundheit, Elster, die als Vertreter der Bundesregierung an der

---

[161] Diese Definition, wonach die Bundestagsabgeordneten aus den Weinregionen als Weinbaupolitiker zu verstehen sind, wird für die CDU/CSU Fraktion bestärkt, wenn man sich Art und Anzahl der gestellten Anfragen der oben genannten Politiker ansieht. Die Abgeordneten Wagner, Bremm, Gölter und Susset stellten immer wieder Anfragen, die den Wein und den Weinanbau in Deutschland betrafen, an die damalige Bundesregierung. Vgl. BT-Drucksache VI/1045 oder BT-Drucksache VI/1659.

[162] Vgl. Parlamentsarchiv: Materialien zum Weingesetz 1971. Lfd. Nr. 22. Kurzprotokoll der 1. Sitzung des Unterausschusses „Weingesetz". 25. März 1971.

[163] Vgl. ebd.

Sitzung teilgenommen hatte, widersprach Jungmanns Forderung, da solche Verweise nicht zulässig seien. »»Bei einer Wiederholung könnten Zweifel hinsichtlich der unmittelbaren Geltung der Gemeinschaftsvorschriften [...] auftreten [...],‹‹[164] sagte Elster zu ihrer Begründung. Im weiteren Verlauf dieser ersten Sitzung stellte der Vorsitzende fest, dass eine Verabschiedung des Weingesetzes bis Mitte Mai für die Mitglieder seines Ausschusses unzumutbar sei. Eine sachgerechte Diskussion innerhalb des Ausschusses könnte, wenn der Zeitplan eingehalten werden sollte, nur durch ungewöhnliche Sitzungszeiten erreicht werden.

Zu Beginn der zweiten Sitzung, die am 29. März 1971 stattgefunden hatte, schilderte zunächst ein Vertreter der Bundesregierung die Einzelheiten zum Entwurf der Bundesregierung. Der Abgeordnete Bremm, der der einzige Winzer im Bundestag und somit auch im UA war, regte zunächst eine Diskussion über die Umrechnung von Oechselgraden in Alkoholgrade an. Der Vertreter der Bundesregierung schilderte das von der Regierung geplante Umrechnungsverfahren an Hand einer Formel[165], die nach der Auffassung einiger Mitglieder des UA für die Praxis zu kompliziert schien. Im Rahmen der sich hieran anschließenden Diskussion forderten die Mitglieder eine leichtere Formel und eine Umrechnungstabelle, die den Winzer die Arbeit erleichtern sollte. An dieser Umrechnungsdiskussion beteiligten sich vornehmlich die Abgeordneten Gölter und Bremm (beide CDU) und der SPD-Abgeordnete Fischer. Auch von ministerieller Seite wurden einige Vorschläge gemacht, die eine praxisnähere Umrechnung ermöglichen sollten. Der Vorsitzende Jungmann forderte die Bundesregierung schließlich auf, eine praktikablere Formel und eine Umrechnungstabelle zu erstellen. Der Abgeordnete Schulze-Vorberg (CSU) und der Vorsitzende griffen nach dieser Diskussion nochmals den Vorschlag auf, die EWG-Verordnungen, auf die das deutsche Weingesetz Bezug nimmt, in den Text dieses Gesetzes einzubinden. Gegen den Widerspruch des Vertreters des Bundesgesundheitsministeriums bat Jungmann das Ausschusssekretariat, eine rechtliche Prüfung dieser Forderung durchführen zu lassen.

Am 31. März machte der Unterausschuss von seinem Recht Gebrauch, seine Meinungsfindung mit Hilfe von Expertenmeinungen zu beschleunigen. Das Ausschuss-

---

[164] Vgl. ebd.
[165] Die Formel, die im Rahmen einer Rechtsverordnung die Umrechnung regeln sollte, lautete: Alkohol in Grad = (1,25 x Oechselgrad − 15) x 0,125.

sekretariat bat bei Verbänden und sonstigen Betroffenen um eine Stellungnahme zum Weingesetzentwurf – durch diese Stellungnahmen versprach sich der UA ein genaueres Bild der Forderungen der Betroffenen machen und diese in seine Beratungen einschließen zu können. Eine solch frühzeitige Einbeziehung der Ansichten der Betroffenen hat zur Folge, dass im Allgemeinen die Chance einer Ablehnung des Gesetzes durch eben diese Betroffenen geringer wird. Da dem Ausschuss der Termindruck, unter dem das Weingesetz geschaffen wurde, zu genüge bekannt war, sollten die angeforderten Stellungnahmen nur Änderungswünsche enthalten, die nicht zu einer zeitlichen Verzögerung der Beratungen führen würden. Als letztmöglichen Termin zur Einreichung der Stellungnahme gab der Ausschuss den 21. April 1971 vor.[166]
Umfassende Stellungnahmen erreichten den Unterausschuss vom Deutschen Weinbauverband, vom Bundesverband des Deutschen Wein- und Spirituosenhandels, vom Stabilisierungsfond für Wein, von der Bundesvereinigung Wein- und Spirituosenimport und vom Verband Deutscher Sektkellereien. Selbst ohne explizite Anforderung zur Stellungnahme verfassten zahlreiche regionale Weinbau- und Handelsverbände ihre Forderungen und Gedanken zum neuen Weingesetz. Aufgrund ihrer Bedeutung im deutschen Weinbau werden die drei wichtigsten Stellungnahmen kurz erläutert.

3.2.4. Die Stellungnahmen

Als oberster Dachverband vereinte der *Deutsche Weinbauverband* mit Sitz in Bonn neben den zehn regionalen Weinbauverbänden sechs Raiffeisenverbände sowie zahlreiche weitere Vereine.[167] Außerdem konnte der Vorstand des Deutschen Weinbauverbandes nach § 6 seiner Satzung auf Vorschlag des Präsidiums Ehrenmitglieder ernennen, die sich in besonderer Weise um den deutschen Weinbau verdient gemacht hatten. Ziel des Verbandes war und ist es, die Interessen des deutschen Weines ››gegenüber Bundestag, Bundesrat, Bundesregierung und ihren nachgeordneten Behörden

---

[166] Vgl. Parlamentsarchiv: Materialien zum Weingesetz 1971. Lfd. Nr. 59, Brief des UA-Weingesetz an den Deutschen Weinbauverband.
[167] Vgl. Wehling, Hans-Georg [FN 4] S. 131. Er spricht allerdings nur von neun regionalen Weinbauverbänden. Der Deutsche Weinbauverband zählt nach eigener Veröffentlichung allerdings zehn „Unterverbände". Dieser Unterschied kann durch Hinzuzählung des Bauern- und Winzerverbandes zustande kommen. Vgl. Deutscher Weinbauverband e.V. (Hrsg.): 100 Jahre Deutscher Weinbauverband. Bonn 1975, S. 50.

sowie gegenüber anderen Verbänden und Organisationen«[168] nachhaltig zu vertreten. Gegenüber der Bundesverwaltung konnte dies auf dem Gebiet des Weinbaus nur ein übergeordneter Spitzenverband erreichen, da sich in der Gemeinsamen Geschäftsordnung der Bundesministerien I eine Klausel befand, die die Ministerien ausdrücklich angewiesen hat, nur mit Zentral- oder Gesamtverbänden zu verhandeln.

Geleitet wurde der Deutsche Weinbauverband von Generalsekretär Dr. Werner Becker, dem Präsidenten und Weingutsbesitzer Werner Tryrell sowie weiteren hauptamtlichen Mitarbeitern. Obgleich nicht immer Einigkeit unter den regionalen Verbänden herrschte, konnte gerade aber diese große Anzahl an hauptamtlichen[169] Mitarbeitern eine kontinuierliche und professionelle Vertretung der Interessen der Winzer möglich machen.

Seine Stellungnahme zum Entwurf eines Weingesetzes verfasste der Deutsche Weinbauverband am 20. April 1971, also einen Tag vor Ablauf der Frist, die ihm vom UA-Weingesetz gestellt wurde. Sie stand allerdings unter dem Vorbehalt einer Ergänzung, da dem Verband die Gegenäußerung der Bundesregierung zu den Beschlüssen des Bundesrates sowie eine sich noch in Planung befindliche EWG-Verordnung zum Bezeichnungsrecht noch nicht vorlagen.[170] Wie vom UA-Weingesetz gefordert hielt der Verband seine Ausführungen kurz und ging nur auf einige konkrete Regelungen ein, die besonders wichtig für den Weinbau und die Winzer waren. Diese Ideen oder Forderungen standen in einem ambivalenten Verhältnis zu den Forderungen der Regierung und des Bundesrates. Es ist keine eindeutige Tendenz erkennbar, wessen Vorschlägen der Verband mehr Zuspruch gegeben hatte.

Im Speziellen forderte der Verband eine Übergangsregelung, wonach die Verarbeitung von Weintrauben in der ganzen Weinbauzone A erlaubt sein sollte. Die von der Regierung vorgesehene Regelung erlaubte die Verarbeitung nur in den Weinbaugebieten, in denen die Trauben geerntet wurden. Eine weitere, für die Winzer wichtige Forderung bestand darin, die geographische Bezeichnung auch für Tafelweine zuzulassen. Denn, so der Deutsche Weinbauverband, die Menge der Tafelweine betrage

---

[168] Satzung des Deutschen Weinbauverbandes § 3 Abs. 1 Ziff. 1

[169] Den hauptamtlich besetzten Verbänden kommt eine Sonderstellung deswegen zu, weil sie im Allgemeinen besser in der Lage waren, die Interessen der Winzer zu vertreten. Ehrenamtlich geführten Verbänden fehlten oft die finanziellen Mittel sowie die Zeit der Mitarbeiter, sich an Verhandlungen etc. zu beteiligen.

[170] Während des Verfahrens wurde immer deutlicher, dass es auch in Bezug auf das Bezeichnungsrecht zu einer EWG-Verordnung kommen sollte.

ca. 25 bis 30 Prozent der Gesamterntemenge, eine für den Absatz nicht unerhebliche Menge.[171] Eine geographische Angabe schafft ein höheres Ansehen bei den Konsumenten, was wiederum eine Sicherung des Absatzes zur Folge gehabt hätte. Als eine hierfür mögliche Lösung schlug der Deutsche Weinbauverband in seiner Stellungnahme dem UA-Weingesetz die Einteilung der Tafelweingebiete in weitere Untergebiete vor. Ebenfalls wurde vom Deutschen Weinbauverband im Gegensatz zum Bundesratsvorschlag die Bezeichnung der Tafelweine mit den Bereichsnamen in Erwägung gezogen. Eine weitere, den Winzern entgegenkommende Forderung war es, die vorgesehenen Mindestmostgewichte nicht per Gesetz, sondern per Rechtsverordnung der Bundesländer festzusetzen. Eine solche Regelung könnte im Bedarfsfall besser und schneller an die Gegebenheiten der einzelnen Weinanbaugebiete angepasst werden.[172]

Alles in allem waren die Forderungen des Deutschen Weinbauverbandes sehr konkret formuliert. Zu jedem Änderungsvorschlag lag eine überzeugende Begründung bei. Die Interessen der Winzer wurden in einer kompetenten und sachgerechten Weise vertreten.

Ein weiterer durch hauptamtliche Mitarbeiter geführter Verband der Weinbranche war der *Bundesverband des Deutschen Wein- und Spirituosenhandels*. Im Gegensatz zum Deutschen Weinbauverband stand dieser Verband, wie es seine Bezeichnung zeigt, nicht für einzelne, kleine Winzerbetriebe, sondern für die großen, überregionalen Weinhändler. Im Bundesverband befanden sich in den 70er Jahren 22 Regional- und Fachverbände mit insgesamt 1150 Firmen des Wein- und Spirituosenhandels.[173] Auch die Stellungnahme dieses Verbandes wurde erst am 20. April 1971, also einen Tag vor dem Ablauf der vom UA gesetzten Frist verfasst.[174] Der Verband ging ähn-

---

[171] Vgl. Parlamentsarchiv: Materialien zum Weingesetz 1971. Lfd. Nr. 69, Stellungnahme des Deutschen Weinbauverbandes vom 20. April 1971.
[172] Hier kam wieder die Tatsache der regionalen Unterschiede zum Tragen. So kann es in manchen Weinbaugebieten vorkommen, dass auf Grund des Wetters oder sonstiger natürlichen Gegebenheiten ein Weinjahrgang nicht die geforderten Mindestwerte erreicht. Dies hätte zur Folge, dass diese Weine keine Chance hätten, zu Qualitätsweinen verarbeitet zu werden, was eine erhebliche Absatzkrise mit sich geführt hätte.
[173] Vgl. Anders, Georg: Weinhandel. in: Ambrosi, Hans; Becker, Helmut (Hrsg.): Der Deutsche Wein. München 1978, S. 283.
[174] Vgl. Parlamentsarchiv: Materialien zum Weingesetz 1971. Lfd. Nr. 62, Brief des Bundesverbandes des deutschen Wein- und Spirituosenhandels e.V. an den UA-Weingesetz vom 20. April 1971.

lich wie der Weinbauverband auf einzelne, spezielle Sachfragen ein, hielt sich aber im Vergleich zum Umfang des eigentlichen Gesetzesentwurfs in der Quantität seiner Ausführungen zurück. Die Stellungnahme bezog sich jedoch nicht, wie die des Weinbauverbandes auf Forderungen der Winzer, sondern auf die originären Aufgaben der Mitglieder des Handelsverbandes. So wurde in den Ausführungen vorgeschlagen, die Weinherstellung im gesamten Bundesgebiet zuzulassen und nicht nur auf das jeweilige Anbaugebiet zu beschränken. Diese Forderung ging also noch weiter, als die des Deutschen Weinbauverbandes. Hierbei beriefen sich die Vertreter des Weinhandels auf ein Gutachten der Hans-Soldan-Stiftung, nach dem eine Einschränkung der Herstellung als verfassungswidrig angesehen wurde. Der Bundesverband des Weinhandels forderte »nach Maßgabe dieses Gutachtens um eine dem Art. 3 Abs. 1 und Art. 12 Abs. 1 des Grundgesetzes entsprechende Regelung; d.h. die Zulassung der Herstellung von Qualitätsweinen und Qualitätsweinen mit Prädikat auch außerhalb der Anbaugebiete [...].« In Übereinstimmung mit den Ansichten des Deutschen Weinbauverbandes forderte der Bundesverband eine Bezeichnung der Tafelweine mit den Bereichsnamen und die Regelung der Mindestmostgewichte durch Rechtsverordnung der Länder.

Als an den weingesetzlichen Beratungen beteiligte Anstalt des öffentlichen Rechts ist der *Stabilisierungsfond für Wein* zu nennen. Dieser wurde im Rahmen des Weinwirtschaftsgesetzes von 1961 gegründet. Seine Aufgaben lagen in der Qualitäts- und Absatzförderung des deutschen Weines, sowie in der vorübergehenden Lagerung von inländischem Wein zur Entlastung des Marktes. Diese aktive Stellung auf dem Gebiet der Weinwirtschaft brachte ihm eine starke Stellung auf dem Sektor der Weingesetzgebung. Auch er bestand aus hauptamtlichen Mitarbeitern, die sich ausschließlich mit der Arbeit des Stabilisierungsfonds beschäftigten.
Der Stabilisierungsfonds ließ sich mit seiner erbetenen Stellungnahme Zeit. Erst am Tag des Fristablaufs legte er seine Ideen und Forderungen vor. Äquivalent zu den Absichten der vorgenannten Verbände forderte der Stabilisierungsfonds eine Änderung der Ortbeschränkung für die Verarbeitung. Seine Vertreter beriefen sich auf die nationale Tradition, wonach es immer eine Möglichkeit gegeben hätte, Wein im ge-

samten deutschen Weinanbaugebiet herzustellen.[175] Um seiner eigentlichen Aufgabenstellung der Qualitätssicherung und Marktförderung gerecht zu werden, verlangte der Stabilisierungsfonds eine Formulierung im Weingesetz, die einer Verwechslungsgefahr zwischen deutschen und ausländischen Weinen entgegenwirken sollte. So sollten zum Beispiel ausländische Weine auch als ausländische Weine kenntlich gemacht werden und ››grundsätzlich nur die im Herstellungsland zugelassenen Angaben in der Staatssprache dieses Herstellungslandes verwendet werden dürfen.‹‹[176]

Zu diesen vom UA-Weingesetz explizit angeforderten Stellungnahmen konnten dessen Mitglieder im Rahmen der Diskussion auf weitere Stellungnahmen zurückgreifen. Zahlreiche regionale Verbände, aber auch größere Firmen der Weinbaubranche machten Eingaben beim UA und versuchten so ihre Position zu verdeutlichen.

3.2.5. Die weiteren Beratungen im UA-Weingesetz

Diese Stellungnahmen haben dem UA weitere wichtige Ansichten zum Wein und dessen gesetzlicher Regelung aufgezeigt, die die Mitglieder in ihre Meinungsfindung einbringen konnten. In zwei weiteren Sitzungen konnten sich die Mitglieder über ihre Gedanken austauschen und ihre Meinung zum neuen Weingesetz formulieren.
Die dritte Sitzung des UA-Weingesetzes fand eine Woche nach dem Eingang der angeforderten Stellungnahmen, am 28. April 1971, statt. Vor Beginn der eigentlichen Diskussion hatte der Vorsitzende Jungmann jedoch zunächst zwei Verlautbarungen zu machen. Erstens habe er die Bundesregierung aufgefordert, einen Bericht über weitere möglichen EWG-Verordnungen[177] zum Wein zu erstellen, zweitens habe der

---

[175] Vgl. Parlamentsarchiv: Materialien zum Weingesetz 1971. Lfd. Nr. 61, Stellungnahme des Stabilisierungsfonds für Wein vom 21. April 1971, S. 2.
[176] Vgl. ebd. S. 6.
[177] Während der Gesetzgebungsdebatte über das neue deutsche Weingesetz, liefen in Brüssel Beratungen über eine Verordnung, die das Bezeichnungsrecht für Wein neu regeln sollte. Da der Entwurf aber ebenfalls Regelungen für die Bezeichnung von Wein vorsah, waren die an der Beratung zum Weingesetz Beteiligten, verunsichert. Man wollte nicht ein Gesetz schaffen, das kurze Zeit später erneut novelliert werden musste.
Eine schriftliche Antwort erhielt der Ausschussvorsitzende bereits einen Tag später vom Bundesminister für Jugend, Familie und Gesundheit. Nach dessen Ausführungen seine eine Aussetzung der Beratungen zum Weingesetz auf Grund der zu erwartenden Bezeichnungsverordnung der EWG nicht nötig. Vgl. Parlamentsarchiv: Materialien zum Weingesetz 1971. Lfd. Nr. 25,

Deutsche Weinbauverband die Mitglieder des Unterausschusses zu einem Umtrunk eingeladen[178].

Die hierauf folgende Sitzung des UA stand ganz im Zeichen der rheinland-pfälzischen CDU Abgeordneten. Die Abgeordneten Bremm, Wagner und Gölter, die auch in den vorangegangen Sitzungen einen maßgeblichen Anteil der Forderungen und Lösungen formulierten, bestimmten durch ihre Beiträge auch diese dritte Sitzung des UA.

So forderte Bremm die Bundesregierung und die Mitglieder des UA mehrmals auf, keine überstürzten Entscheidungen zu treffen.[179] Der Weinbau sei zwar an einer schnellen Lösung des Problems Weingesetz interessiert, eine Norm, die in der nächsten Zeit wieder geändert werden müsste, nützte dem Weinbau jedoch nichts. Bremm spielte hierbei erneut auf die zu erwartenden EWG-Verordnungen im Rahmen des Bezeichnungsrechts an, die die nationalen Regelungen nichtig machen würden. Auch der CDU-Mann Wagner schloss sich diesen Forderungen an. Er forderte die Bundesregierung auf, das ordnungsgemäß verabschiedete Weingesetz von 1969 in Kraft treten zu lassen und die durch die EWG-Verordnungen hinfällig werdenden Regelungen im Rahmen einer Verlautbarung der Regierung zu klären, solange bis das neue Weingesetz in Ruhe und ohne Zeitdruck verabschiedet worden sei.[180] Der Vertreter der rheinland-pfälzischen Landesregierung, Ministerialrat Dr. Renz, der ebenfalls an die-

---

Unterrichtung des UA-Vorsitzenden durch den Bundesminister für Jugend, Familie und Gesundheit.

[178] Dieser inoffizielle oder besser informelle Termin sollte sicherlich nicht nur dem Genuss von Wein dienen. Wissenschaftliche Untersuchungen haben ergeben, dass eben solche informellen Treffen besser dazu geeignet sind, Meinungen auszutauschen und Kompromisse zu finden. Auf Grund der eher entspannten Situation, die zudem nicht öffentlich ist, kommt es häufiger zu Annäherungen in ansonsten verhärteten Meinungen und Positionen. Zu allgemeinen Studien über das informelle Arbeiten in der Politik vgl. Hartwich, Hans-Hermann; Wewer, Göttrik (Hrsg.): Regieren in der Bundesrepublik II. Formale und informale Komponenten in den Bereichen Führung, Entscheidung, Peronal und Organisation. Opladen 1991 sowie: Schulze-Fielitz, Helmuth: Der informale Verfassungsstaat: aktuelle Beobachtungen des Verfassungslebens der Bundesrepublik Deutschland im Lichte der Verfassungstheorie. Berlin 1984. Zudem haben eigene Untersuchungen im Rahmen einer Umfrage ergeben, dass Weingenuss während politischen Verhandlungen unter Politikern einen hohen Stellenwert einnimmt. Auf allen Ebenen der Politik trägt Wein dazu bei, Verhandlungen anzuregen, kompromissbereiter zu sein und das politische Geschäft zu erleichtern.

[179] Vgl. Parlamentsarchiv: Materialien zum Weingesetz 1971. Lfd. Nr. 24, Kurzprotokoll der 3. Sitzung des Unterausschusses „Weingesetz" vom 28. April 1971, S. 5 ff.

[180] Vgl. ebd. S. 8 ff.

ser Sitzung teilnahm, schloss sich Wagner an und forderte ebenso eine Verlautbarung der Bundesregierung.

Die Vertreter der Bundesministerien nahmen zu den rheinland-pfälzischen Forderungen eine ablehnende Haltung ein. Regierungsdirektor Dietrich vom federführenden Bundesministerium für Jugend, Familie und Gesundheit erwiderte, dass die Bundesregierung bei ihrer Haltung, »wie sie im vorliegenden Entwurf zum Ausdruck gekommen«[181] sei bleibe und die rechtzeitige Verabschiedung des Gesetzes fordere. Der Vertreter des Bundeswirtschaftsministeriums äußerte ebenfalls Bedenken gegen eine solche Verlautbarung der Bundesregierung, da diese eine bloße Meinungsäußerung wiedergebe und keine Rechtskraft besitze.[182]

Da der Ausschuss zu keiner Einigung kam, bat der Vorsitzende die Bundesregierung Vorschläge über das weitere Verfahren zu machen. Allerdings hatte er im Verlauf der Diskussion bereits seine Haltung deutlich gemacht. Für ihn gab es zwei Möglichkeiten. Erstens, eine Verabschiedung des Weingesetzes unter Zeitdruck als Zwischenlösung oder zweitens eine Verabschiedung des Weingesetzes zu einem späteren Zeitpunkt.[183]

Letztendlich zeigen die Beratungen des UA während seiner letzten Sitzung, dass sich diese Forderungen, wonach das Gesetz ausführlicher beraten werden sollte, nicht durchsetzen konnten. In einer über zwölf stündigen Marathon-Sitzung, die am 6. Mai 1971 immerhin von 17 Uhr bis 5:45 Uhr dauerte, verabschiedeten die Mitglieder des UA die einzelnen Paragraphen des Gesetzentwurfs. Eine Verschiebung der Verabschiedung stand zu diesem Zeitpunkt für die Mitglieder des UA nicht mehr zur Debatte.

Innerhalb dieser Abstimmung wurden aber abschließend zusätzlich drei wichtige Gesichtspunkte deutlich. Zum einen zeigt die Anzahl der interfraktionellen Anträge, dass im Allgemeinen Einigkeit unter den einzelnen Fraktionen im Bundestag im Bezug auf das Weingesetz herrschte. Diese Einigkeit verdeutlichte sich auch innerhalb der einzelnen Abstimmungen während der letzten Sitzung. So wurden einige Änderungsvorschläge von einzelnen Abgeordneten oft auch von den Abgeordneten der an-

---

[181] Vgl. ebd. S. 10.
[182] Vgl. ebd. S. 10.
[183] Vgl. ebd. S. 10.

deren Fraktionen aufgegriffen und angenommen. Beispielsweise forderte der CDU Abgeordnete Bremm, die Regelung über die geographische Bezeichnung per Gesetz zu regeln.[184] Der SPD Mann Fischer unterstützte Bremm in seinen Ausführungen und stellte sich damit gegen die Haltung der Regierung, die eine Normierung innerhalb einer Rechtsverordnung vorgeschlagen hatte.

Der zweite auffallende Gesichtspunkt, dem Beachtung geschenkt werden muss, ist die Stellung des Vorsitzenden innerhalb dieser letzten Sitzung. Die bereits in den theoretischen Ausführungen über die Arbeit der Ausschüsse erwähnte starke Stellung der Vorsitzenden konnte Jungmann in dieser letzten Sitzung voll ausnutzen. Er machte im Verlaufe dieser Sitzung immer wieder Vorschläge zur Abänderung und Umformulierung einzelner Paragraphen, die so letztlich auch von den Mitgliedern des UA-Weingesetz angenommen wurden. Als während der Abstimmung zum § 18, der die Bezeichnung des Weines regeln sollte, die Abgeordneten Wagner und Gölter erneut eine längere Diskussion darüber führten, ob man diese Bezeichnungsfrage besser per Gesetz oder per Rechtsverordnung regeln sollte, brach Jungmann diese Diskussion ab. »Der Vorsitzende erklärte, das Problem sei erkannt und genügend ausdiskutiert [...].«[185]

Der dritte und letzte zu beachtende Aspekt innerhalb dieser letzten Sitzung des UA-Weingesetz wurde bereits in den vorangegangenen Sitzungen deutlich. Es waren immer wieder die rheinland-pfälzischen CDU Abgeordneten, im besonderen Gölter und Wagner, die durch Vorschläge und Initiativen die Arbeit des Ausschusses vorangetrieben hatten.

Betrachtet man nun abschließend das Resultat der Beratungen und somit die Vorschläge des UA, die er seinem übergeordneten Ausschuss, dem Ausschuss für Jugend, Familie und Gesundheit, gemacht hat, so lassen sich folgende Erkenntnisse zusammenfassen.[186] Zum ersten lässt sich quantitativ ein leichtes Plus zu den Vorschlägen des Bundesrates ausmachen. Es wurden mehr einzelne Vorschläge des Bundesrates in den Entwurf des Ausschusses eingearbeitet als Vorschläge der Bundesregie-

---

[184] Vgl. Parlamentsarchiv: Materialien zum Weingesetz 1971. Kurzprotokoll der 4. Sitzung des Unterausschusses „Weingesetz" vom 6. Mai 1971, S. 12.
[185] Vgl. ebd., S. 17.
[186] Diese Erkenntnisse basieren im Wesentlichen auf dem Bericht des federführenden Ausschusses für Jugend, Familie und Gesundheit BT-Drucksache VI/2169 und zu VI/2169 sowie dem Kurzprotokoll der 4. Sitzung des Unterausschusses „Weingesetz". Vgl. hierzu FN 184.

rung. Ob hier ein Zusammenhang zwischen dem von der CDU dominierten Unterausschuss und dem eigentlichen Wortführer zum Weingesetz im Bundesrat, dem CDU geführten Bundesland Rheinland-Pfalz, auszumachen ist, lässt sich nicht mit absoluter Sicherheit bestätigen. Es ist jedoch davon auszugehen, dass die rheinland-pfälzischen CDU Abgeordneten, die Mitglieder des UA-Weingesetz waren, engen Kontakt zu den Personen pflegten, die die rheinland-pfälzischen Positionen im Bundesrat formuliert hatten.

Als zweites bleibt bei der abschließenden Betrachtung festzuhalten, dass die wichtigsten Forderungen, die die Verbände an das neue Weingesetz gestellt hatten, zu nicht unwesentlichen Teilen vom UA berücksichtigt wurden.[187] So wird beispielsweise aus dem Bericht[188] des UA-Vorsitzenden Jungmann erkennbar, dass die in allen drei betrachteten Stellungnahmen geforderte Aufhebung der Ortsbeschränkung bei der Herstellung von Qualitätswein abgeschafft werden sollte. Jungmann fordert in seinen Ausführungen eine Entschließung der Bundesregierung, »sich dafür einzusetzen, dass in der EWG die Herstellung von Tafelweinen und Qualitätsweinen bestimmter Anbaugebiete auch außerhalb der Anbaugebiete ohne Einschränkung zugelassen wird.«[189] Bei der Begründung lehnte sich der Ausschuss an die Ausführungen des Bundesverbandes des deutschen Wein- und Spirituosenhandels an, wonach die Einschränkung der Herstellung nicht mit dem Grundgesetz der Bundesrepublik vereinbar wäre.[190] Weitere Übereinstimmungen lassen sich im Hinblick auf die Regelung der Bezeichnung des ausländischen Weines feststellen. Die vom Stabilisierungsfonds geforderte eindeutige Kennzeichnung des ausländischen Weines zur Vermeidung von Irreführungen wurde auch vom federführenden Ausschuss gefordert, die Verwendung von deutschsprachigen Bezeichnungen müsse eingeschränkt werden, so Jungmann in seinem Bericht.[191]

Auf dieser 43. Sitzung des Bundestagsausschusses für Jugend, Familie und Gesundheit, innerhalb derer Jungmann die Vorschläge des UA-Weingesetzes vortrug, kam es, abgesehen von einigen unwesentlichen Änderungen zur Annahme der Ausarbeitungen des UA. In den beiden folgenden Tagen machten die Bundestagsfraktionen

---

[187] Die wesentlichen Forderungen wurden im Kapitel 2.2. bereits dargestellt.
[188] Vgl. Deutscher Bundestag, 6.Wahlperiode, zu Drucksache VI/2169.
[189] Vgl. ebd. S. 3.
[190] Vgl. ebd. S. 3.
[191] Vgl. ebd. S. 5.

zwei zusätzliche interfraktionelle Änderungsanträge[192], anhand derer man die überparteiliche Einigkeit innerhalb dieses Gesetzgebungsverfahrens erneut ablesen konnte.

3.2.6. Zweite und dritte Lesung im Bundestag

Am 13. Mai 1971 fand innerhalb der 123. Sitzung des Deutschen Bundestages die zweite und dritte Lesung zum Weingesetz statt.[193] Der Sitzungspräsident gab den einzelnen Fachvertretern der Fraktionen die Möglichkeit, neben der offiziellen Stellungnahme des federführenden Ausschusses, eigene Erklärungen abzugeben. Dies wurde von den Fraktionen angenommen. Als erster Redner ergriff der CDU Abgeordnete Bremm das Wort. Auch er verwies in seiner Einführung auf die EWG-Verordnungen als Gründe für die Notwendigkeit eines neuen nationalen Weingesetzes. Weiterhin bedankte er sich für die gute interfraktionelle Zusammenarbeit, die das schnelle Erarbeiten eines neuen Gesetzes ermöglicht hatte.[194] Im Speziellen ging Bremm auf die Notwendigkeit der regionalen Unterschiede innerhalb der Weinanbaugebiete in Deutschland ein. Innerhalb Deutschlands und innerhalb Europas sei eine Chancengleichheit nur herzustellen, wenn diese regionalen Unterschiede in der Gesetzgebung berücksichtigt würden. Weiterhin betonte Bremm in seinen Ausführungen, sei es notwendig, eine sehr klare bezeichnungstechnische Abgrenzung zwischen den deutschen Weinen und den Weinen aus Drittländern zu machen. Dem Missbrauch von deutschen Bezeichnungen, wie Spätlese oder Auslese müsse entgegengetreten werden. Zum Abschluss seiner Ausführungen erklärte Bremm, dass die CDU/CSU-Fraktion dem Gesetzentwurf sowie den interfraktionellen Änderungsanträgen[195] zustimmte.

Als zweiter Redner während dieser zweiten Lesung wurde dem SPD-Abgeordneten Dr. Fischer das Wort erteilt. Auch er begann seine Ausführungen mit den Hinweisen auf die EWG-Regelungen und dankte allen, die an diesem Entwurf mitgewirkt hat-

---

[192] Vgl. zu BT-Drucksache VI/2169, Umdruck 174 und 175.
[193] Deutscher Bundestag, 6. Wahlperiode, 123. Sitzung vom 13. Mai 1971.
[194] Vgl. ebd. S. 7158.
[195] Vgl. ebd. Anlage 2, Umdruck 174 und Anlage 3, Umdruck 175.

ten.[196] Seine speziellen Bemerkungen zum Entwurf teilte er in sieben Punkte, die er für die wichtigsten Entscheidungen hielt. Diese reichten von den Tafelweinen und ihren zukünftigen Regelungen über die Mindestmostgewichte bis hin zum Bezeichnungsschutz der deutschen Prädikatsbezeichnungen. Auch seine Fraktion stimmte für den Entwurf und die beiden Änderungsanträge.
Der Abgeordnete Gallus ergriff für die FDP-Fraktion das Wort.[197] Seine Ausführungen waren kürzer als die seiner Vorredner. Er dankte zunächst den Mitgliedern des UA-Weingesetz, erwähnte den Verbraucherschutz innerhalb des Entwurfs und teilte mit, dass auch die FDP-Fraktion dem Entwurf zustimmen wolle.

Als Vertreter der Bundesregierung dankte die Bundesministerin für Jugend, Familie und Gesundheit den Mitgliedern des UA-Weingesetzes für die schnelle Bearbeitung der Vorlage und schloss hieran eine kurze Ausführung zu den EWG-Verordnungen an. Anschließend ließ der Präsident über den Entwurf und die beiden Änderungsanträge abstimmen. Während dieses Vorgangs meldete sich der CSU-Mann Schulze-Vorberg zu Wort und bat das Plenum um eine Änderung im Paragraph § 9 Abs. 6a des Entwurfs. Die Bezeichnung der Weinanbaugebiete, die an zweiter Stelle ein Weinanbaugebiet *Main und Neckar* vorsah, solle getrennt und als *2a. Main* und *2b. Neckar* bezeichnet werden.[198] Da dies rechtlich nicht möglich sei, schlug der Abgeordnete Dr. Fischer vor, zwei neue, getrennte Gebiete im § 9 aufzunehmen – *Nr. 2. Main* und *Nr. 3. Neckar*. Schulze-Vorberg nahm diesen Vorschlag an. Abschließend ließ der Präsident schließlich über den Entwurf und die Änderungen abstimmen. Der Gesetzentwurf wurde in der dritten Lesung mit 2 Enthaltungen angenommen.

3.3. Die zweite Beratung im Bundesrat

Nach dem bundesdeutschen Gesetzgebungsverfahren muss das vom Bundestag verabschiedete Gesetz unverzüglich dem Bundesrat zugeleitet werden.[199] Das durch den

---

[196] Vgl. ebd. S. 7159.
[197] Vgl. ebd. S. 7160.
[198] Vgl. ebd. S. 7161.
[199] Nach Art. 77 Abs. 1 GG hat diese Weiterleitung durch den Präsidenten des Bundestages zu geschehen. Nach Abs. 2 hat der Bundesrat hierauf die Möglichkeit binnen drei Wochen einen gemeinsamen Ausschuss aus Mitgliedern des Bundestags und des Bundesrats einzuberufen, sofern er mit dem vom Bundestag beschlossenen Gesetz nicht einverstanden ist. Im Falle des Weinge-

Bundestag, am 13. Mai 1971 beschlossene Weingesetz wurde durch den Bundestagspräsidenten am 17. Mai im Rahmen der Bundesrats-Drucksache 256/71 den einzelnen Bundesländern bekannt gegeben. Bereits einen Tag später wurde das Weingesetz vom Rechtsausschuss des Bundesrates während seiner 369. Sitzung erörtert.[200] Das Ergebnis dieser Beratung scheint etwas undurchsichtig. Im Allgemeinen stimmte der Rechtsausschuss dem vom Bundestag beschlossenen Gesetz zu. In den §§ 40 und 63 gingen die Ansichten des Ausschusses und des Bundestags jedoch auseinander. Aus diesem Grund stellte der Rechtsausschuss den Antrag auf Anrufung des Vermittlungsausschusses für den Fall, dass dieser noch aus anderen Gründen angerufen werden sollte. Dies hing wohl mit den schon erörterten Zeitproblemen zusammen, der Rechtsausschuss wollte nicht die Schuld an einer zu späten Verabschiedung des Weingesetzes tragen. Eine Woche später äußerte sich der Bundesratsausschuss für Jugend, Familie und Gesundheit in ganz ähnlicher Weise. Auch er empfahl nach seinen Beratungen dem Bundesrat, dem Gesetz zuzustimmen. Allerdings stellte auch dieser Ausschuss einen Antrag auf Anrufung des Vermittlungsausschusses für den Fall, dass dieser auch noch aus anderen Gründen, als den §§ 40 und 63 angerufen werden sollte.

Innerhalb dieses Beratungszeitraums kam es auch außerhalb des parlamentarischen Verfahrens an vielen Stellen zu Protesten gegen das Weingesetz. Die stärksten Widersprüche kamen von Seiten der österreichischen Regierung. Sie sah in der Einschränkung des § 20 des neuen deutschen Weingesetzes einen nicht zu vertretenden Nachteil gegenüber dem österreichischen Weinbau. Nach diesem Paragraphen war die Bezeichnung mit den Prädikaten *Kabinett*, *Spätlese*, *Auslese*, *Beerenauslese* und *Trockenbeerenauslese* nur Weinen vorbehalten, die in der Bundesrepublik Deutschland geerntet und hergestellt wurden. Allerdings gab es die gleichen Bezeichnungen im deutschsprachigen Österreich. Die österreichische Regierung forderte aus eben diesem Grund im Einklang mit Brüsseler EWG-Vertretern die Abänderung dieses Paragraphen.

---

setzes, das ja von Beginn an als Zustimmungsgesetz angesehen wurde, hatte der Bundesrat sogar die Möglichkeit das Gesetz komplett abzulehnen und scheitern zu lassen.
[200] Vgl. Parlamentsarchiv: Materialien zum Weingesetz von 1971. Lfd. Nr. 39. Protokoll der 369. Sitzung des BR-Rechtsausschusses.

In der den Weinbau betreffenden Presse sah man zwar das Problem des § 20, man war sich jedoch bewusst, dass die Anrufung des Vermittlungsausschusses zu einer erheblichen Zeitverzögerung beitragen würde und das Gesetz eventuell nicht bis zum Herbst 1971 in Kraft treten könnte.

Genau diese Zweifel veranlassten die Vertreter des Bundeslandes Bayern am 3. Juni 1971, einen Tag vor der zweiten Beratung des Bundesrates, einen Antrag auf Anrufung des Vermittlungsausschusses zu stellen. Warum gerade Bayern, ein Land, das sich bis zu diesem Zeitpunkt weitgehend aus den Beratungen herausgehalten hatte, diesen Antrag stellte, wird nicht deutlich.

Auf der 368. Sitzung des Bundesrates gab zunächst der Berichterstatter des Ausschusses für Jugend, Familie und Gesundheit seinen Bericht zu den Erörterungen des Ausschusses ab. Der Ausschuss sei erfreut darüber, dass zahlreiche vom Bundesrat vorgeschlagene Änderungen im Gesetz realisiert wurden, allerdings warnte er davor, den Vermittlungsausschuss anzurufen. Allerdings scheint auch er bzw. der Ausschuss das Problem des § 20 erkannt zu haben. Der Berichterstatter Dr. Wicklmayr machte abschließend zu seinen Ausführungen den Vorschlag, die Änderungswünsche bis zu einer Novellierung des neuen Weingesetzes zurückzustellen.[201]

Die Haltung des Landes Rheinland-Pfalz machte hieran anknüpfend Weinbauminister Meyer deutlich. Da Teile des rheinland-pfälzischen Weinbaus in dieser Zeit aufgrund der EWG-Regelungen große Einschnitte hinnehmen mussten, konnte es sich die Regierung dieses Bundeslandes zu keinem Zeitpunkt leisten, ein weiteres Jahr ohne eine definitive Normierung des Weinbaus zuzulassen. Dies hätte zu einer erheblichen Stimmungsverschlechterung innerhalb der Winzerschaft zu Ungunsten der Regierung geführt. Meyer betonte, dass ein weiteres Jahr der Rechtsunsicherheit für die Winzer unzumutbar sei, er könne dem Antrag Bayerns nur zustimmen, wenn es zu keiner Verzögerung bei der Verabschiedung des neuen Weingesetzes kommen würde.[202] Der Vertreter des Landes Nordrhein-Westfalen, Dr. Posser, unterstützte vorbehaltlos den Antrag Bayerns. Nach seinen Überlegungen erschien es möglich, das Weingesetz noch rechtzeitig verabschieden zu können, auch wenn der Vermittlungsausschuss angerufen würde.[203]

---

[201] Vgl. Bundesrat, 368. Sitzung am 4. Juni 1971, S. 150.
[202] Vgl. ebd. S. 150.
[203] Vgl. ebd. S. 151.

Der Vertreter der Bundesregierung, von Manger-Koenig, zeigte sich wie zuvor Minister Meyer nachdenklich. Die zeitliche Grenze müsse während der Beratungen immer im Vordergrund stehen, so der Staatssekretär.[204] Als Tag X nannte er den 19. Juli, den Tag, an dem das Weingesetz von 1969 eigentlich in Kraft treten sollte.
Die anschließende Abstimmung über den Antrag Bayerns, den Vermittlungsausschuss anzurufen verlief positiv. Die Mehrheit des Bundesrates stimmte für die Anrufung des Ausschusses. Die fiktiven Anrufungsbegehren der beiden Ausschüsse, die oben kurz erläutert wurden, sollten nach dem Willen der Mitglieder des Bundesrates ebenfalls zum Gegenstand der Verhandlungen des Vermittlungsausschusses werden.[205]

3.4. Vermittlungsverfahren und Verabschiedung des Weingesetzes

Mit Schreiben vom 4. Juni 1971 leitete der Präsident des Deutschen Bundesrates das Begehren den Vermittlungsausschuss anzurufen an die zuständigen Stellen weiter.[206] Als Gründe wurden der § 20 Abs. 2 und Abs. 5, der § 40 und der § 63 angegeben. Auf der 7. Sitzung des Vermittlungsausschusses, die am 16. Juni 1971 stattfand, findet sich das Weingesetz auf Punkt 2 der Tagesordnung. Da die Sitzungen des Vermittlungsausschusses nicht öffentlich sind, lassen sich keine umfassenden Protokolle hierzu finden. Lediglich das Ergebnisprotokoll ist veröffentlicht. Hieraus lassen sich die Teilnehmer der Vermittlungsrunde ablesen, wonach der rheinland-pfälzische Weinbauminister Meyer und der Staatssekretär Manger-Koenig die einzigen Personen waren, die sich zuvor an den Beratungen zum Weingesetz öffentlich beteiligt hatten. Somit ist festzuhalten, dass der Vermittlungsausschuss in Sachen Weingesetz eine eher geringe Kompetenz aufweisen konnte. Von der Inanspruchnahme einer Expertenanhörung, die ihm durch seine Geschäftsordnung erlaubt ist, machte dieser Ausschuss nach meinen Erkenntnissen keinen Gebrauch. Das Abstimmungsverhalten der Mitglieder lässt jedoch erkennen, dass es vor den Beratungen des Vermittlungsausschusses wohl zu interfraktionellen Vereinbarungen gekommen sein muss.

---

[204] Vgl. ebd. S. 151.
[205] Vgl. ebd. S. 151.
[206] Vgl. BR-Drucksache 256/71 (Beschluss). Dieses Schreiben wurde an den Vorsitzenden des Vermittlungsausschusses, die Vertretungen der Bundesländer, den Präsidenten des Bundestages und an den Bundeskanzler gesendet.

Die vom bayrischen Minister Dr. Heubl gestellten Anträge, die er als Berichterstatter des Bundesrates in dessen Auftrag gestellt hatte, wurden mit einer Ausnahme, alle einstimmig im Sinne des Bundesrates beschlossen. Lediglich die Beratungen zum § 40 Abs. 1 Nr. 8 wurden nicht so entschieden, wie es der Bundesrat wollte. Hierzu machte der bayrische Minister den Vorschlag, den Paragraphen so zu ändern, wie es die Bundesregierung in ihrer Gegenäußerung zur Stellungnahme des Bundesrates vorgeschlagen hatte. Weinbauminister Meyer sprach sich gegen diese Empfehlung aus und machte den Vorschlag, den Paragraphen so zu ändern, wie es der Bundestag bereits vorgesehen hatte. Sein Antrag und der des Bundesrates wurden vom Vermittlungsausschuss abgelehnt. Der Antrag von Heubl fand, wenn auch nur knapp, die Mehrheit.[207]

Als Berichterstatter im Bundestag wurde der BT-Agebordnete Russe ausgewählt, im Bundesrat sollte Heubl die Entscheidungen des Vermittlungsausschusses vortragen.[208]
Am 24. Juni 1971 stimmte der Deutsche Bundestag auf seiner 131. Sitzung dem Antrag des Vermittlungsausschusses zu und machte so den Weg frei für die abschließende Beratung im Bundesrat.[209] Dieser stimmte während seiner 369. Sitzung am 9. Juli 1971 mit Mehrheit für das Gesetz sowie die dazugehörigen Rechtsverordnungen.[210]

Da, wie bereits erörtert, die Ansichten des Deutschen Weinbauverbandes in vielen Fällen berücksichtigt und in das Weingesetz eingearbeitet wurden, konnte sich die Interessenvertretung der Winzer mit der Verabschiedung des Gesetzes zufrieden zeigen. In einer Stellungnahme begrüßte der Verband die Verabschiedung. Das Gesetz trage endlich zur dringend notwendigen Rechtsklarheit auf dem Gebiet des Weinbaus

---

[207] Der Antrag wurde mit 9 zu 7 Stimmen angenommen. Nach der GO des VA reicht für Beschlüsse des Vermittlungsausschusses immer die Mehrheit der anwesenden Mitglieder. Dies gilt sowohl für Verfahrensbeschlüsse als auch für Sachabstimmungen.
[208] Der mündliche Bericht des Vermittlungsausschusses findet sich in der BT-Drucksache VI/2325. Hierin sind die schon dargestellten Änderungen zusammengefasst. Zum weiteren Verfahrensablauf sieht der Art. 77 Abs. 2 S. 5 vor, dass der Bundestag über die Änderungen erneut zu beschließen hat.
[209] Die näheren Regelungen, wann ein Gesetz zustande kommt, klärt Art. 78 GG.
[210] Vgl. Bundesrat, 369. Sitzung am 9. Juli und BR-Drucksache 331/71 (Beschluss).

bei und stärke die Stellung des deutschen Weinbaus im Wettbewerb mit der EWG und Drittländern.[211]

Die Weinbaupresse, namentlich *Der Deutsche Weinbau*, stellte nach der Verabschiedung in einem seiner Leitartikel die Frage »Ende gut, alles gut ?«[212] Der Blick des Verfassers in die Zukunft des nationalen Weinrechts sah eher skeptisch aus, da er immer wieder mit neuen Verordnungen aus Brüssel rechnete, die in das soeben entstandene Weingesetz eingearbeitet werden müssten.

---

[211] Die original Stellungnahme konnte nicht gefunden werden. Der Berichtsstatter im Bundesrat Dr. Wicklmayr erwähnte sie jedoch in seinen Ausführungen zum Weingesetz. Zu dem wurde die Haltung des Deutschen Weinbauverbandes zum neuen Weingesetz auch durch Äußerungen seines Präsidenten deutlich. Tyrell sprach auf dem 2. Rheinland-Pfälzischen Weinbautag in Bad Kreuznach ebenfalls von der endlich hergestellte Rechtssicherheit im Weinbau. Vgl. Der Deutsche Weinbau 17/1971, S. 486.
[212] Der Deutsche Weinbau, 20/1971, S. 595.

4. Weinbaupolitik nach dem Weingesetz von 1971

4.1. Grundsätzliche Überlegungen

Nach diesen Ausführungen über das erste deutsche Weingesetz, dass sich explizit auf die EWG-Vorschriften bezieht und dessen Normen unmittelbar an die EWG-Normen angepasst waren, wäre es über 30 Jahre nach dem Erlass dieses Gesetzes fahrlässig, die Zeit zwischen 1971 und heute nicht zu betrachten. Aufgrund dieses Zeitabstandes ist es nämlich möglich, die allgemeinen Auswirkungen des Gesetzes auf den Weinbau zu betrachten und zu analysieren.

Eine umfassende und lückenlose Darstellung der weinbaupolitischen Maßnahmen dieser letzten dreißig Jahre scheint aufgrund der Fülle der Regelungen unmöglich. Die folgende Tabelle[213] soll jedoch ohne größere Erläuterungen die rege Gesetzgebungstätigkeit an der Weinfront schildern. Die Weinbaugesetzgebung wurde seit 1971 mehrmals geändert, die Weinherstellung wurde hierdurch immer häufigeren Reglementierungen unterworfen.

19. Juli 1972	**Erstes Gesetz zur Änderung des Weingesetzes**
	Neuregelung des Rechts zur Bezeichnung von Erzeugnissen aus der Zeit vor dem Weingesetz.
28. März 1973	**Zweites Gesetz zur Änderung des Weingesetzes**
	Die Änderung schaffte die Grundlage für den Erlass von Ausführungsbestimmungen zur EWG-Begleitdokumente- und Buchführungsverordnung.
4. August 1980	**Drittes Gesetz zur Änderung des Weingesetzes**
	Verlängerung der Frist für die Zulässigkeit des Deckrotweinzusatzes bis zum Jahr 1984.
1. September 1982	**Viertes Gesetz zur Änderung des Weingesetzes**
	Gegenstand dieses Änderungsgesetzes war die weitere Anpassung der nationalen Regelung an die EWG-Bestimmungen, eine strengere Herbstkontrolle, die Anpassung der Mindestmostgewichte an das EG-Weinrecht sowie weitere kleinere Änderungen.

---

[213] Die Tabelle 2 zeigt alleine die Änderungen des Weingesetzes. Die Verordnungen zum Wein wurden noch häufiger geändert.

20. März 1985	**Fünftes Gesetz zur Änderung des Weingesetzes**
	Die Frist für die Bezeichnungs-Auslauffrist für den Deckrotwein aus EG-Ländern wird bis zum 30. Juni 1989 verlängert.
18. Juli 1989	**Sechstes Gesetz zur Änderung des Weingesetzes**
	Hierdurch wurde die Verwertung von Wein aus ungenehmigten Rebflächen für den Eigenverbrauch verboten sowie zahlreiche weitere Änderungen.
30. August 1990	**Gesetz zur Änderung des Weingesetzes und des Weinwirtschaftsgesetzes**
	Durch diese Änderung wird jegliche Verwendung von Übermengen verboten, Ausnahme hiervon ist die Verarbeitung zu Traubensaft. Zahlreiche Änderungen waren weiterhin Gegenstand dieses Änderungsgesetzes.
Oktober 1992	**Erster Entwurf für ein Gesetz zur Gesamtreform des Weingesetzes**
	Dieser Referentenentwurf aus dem Bundesministerium für Landwirtschaft, Ernährung und Forsten, das seit April 1991 die Zuständigkeit für die Weingesetzgebung übernommen hatte, sah die Einarbeitung des Weinwirtschaftsgesetzes in das nationale Weingesetz vor.
1. September 1994	**In Kraft Treten des Weingesetzes 1994**
9. Juni 1997	**Erstes Gesetz zur Änderung des Weingesetzes**
	Verschiebung der Überlagerungsmöglichkeit von Übermengen auf das Jahr 2002.
17. Mai 2000	**Zweites Gesetz zur Änderung des Weingesetzes**
	Hierin sind vor allen Dingen redaktionelle Änderungen an die EG-Vorschriften enthalten.

Tabelle 2

Diese überdimensionale Anzahl der weinbauspezifischen Regelungen wird auch immer wieder von den Betroffenen, den Winzern selbst und den anderen Beteiligten erwähnt. Deswegen erscheint es für diese Arbeit notwendig, eine sinnvolle Abgrenzung der zu betrachtenden Sachgebiete zu finden. Die hart erkämpfte nationale Qualitätsweinpolitik der Bundesrepublik, die sich im 71er Weingesetz niedergeschlagen hatte, lässt sich als die Maßnahme erfassen, die auch in den folgenden Jahren einer großen weinbaupolitischen Diskussion ausgesetzt war.

Aus Gründen der Übersichtlichkeit werden die Darstellungen chronologisch abgefasst, beginnend mit den 70er Jahren, also der unmittelbaren Zeit nach dem Erlass des Gesetzes. Zu Beginn eines jeden Kapitels wird zunächst immer ein kurzer Überblick über die Lage der Weinwirtschaft innerhalb des besagten Zeitraums gegeben. Der Einfluss und die jeweilige Haltung von Rheinland-Pfalz werden in die Betrachtung der Maßnahmen eingearbeitet, da eine gesonderte Betrachtung eine unwillkürliche Wiederholung von einigen Sachverhalten zur Folge hätte.

4.2. Die unmittelbare Zeit nach dem Erlass des 1971er Weingesetzes

In den Anfangsjahren nach dem Erlass der EWG-Normen und dem neuen Weingesetz mussten sich die Betroffenen erst einmal mit diesen neuen Gegebenheiten zu Recht finden. Die allgemeine Lage der Weinwirtschaft kann man als gut bezeichnen, dies bestätigt auch die Aussage des Präsidenten des Deutschen Weinbauverbandes Werner Tyrell, der die Winzer dankerfüllt am Ende dieses Weinjahres 1971 sieht.[214] Der Weinjahrgang brachte den Winzern im Vergleich zum Vorjahr keine übergroße Ernte, so dass es keine Probleme mit der Einlagerung geben konnte. Die Qualität des 71er Weines war nach Aussagen von Tyrell hervorragend.[215] Trotz des guten 71er Jahrgangs konnte der eingelagerte Wein aus dem Jahre 1970 zu einem großen Teil abgebaut werden, so dass es fast keine Lagerbestände dieses Jahrgangs mehr gegeben hat. »Der zunächst viele Sorgen bereitende Jahrgang 1970 ist praktisch nun verkraftet«, schrieb Der Deutsche Weinbau und schilderte den Weinmarkt als zufrieden stellend.[216]

Der Jahrgang 1973 brachte jedoch den deutschen wie den anderen Winzern in der EWG erneut eine enorme Ernte, so dass man ab dem Weinwirtschaftsjahr 1973/74 von einem Weinüberfluss auf dem gemeinsamen Markt der EWG sprechen kann. Die logische Folge aus einem solchen Überfluss, war der Preisverfall des Weines, der selbst durch die Interventionsdestillation in Frankreich und Italien nicht aufgehalten werden konnte. Die Preise für Qualitätsweine in einigen deutschen Weinanbaugebieten lagen auf dem Niveau von nur 55 bis 70% des Orientierungspreises für Tafelwein.[217]

Selbst das bis zu diesem Zeitpunkt in der Weinwirtschaft geltende Gesetz »große Ernten – schlechte Herbstpreise, kleine Ernten – gute Herbstpreise« wurde durch den Weinjahrgang 1974, der eher als klein einzustufen ist, zunichte gemacht.[218] Trotz der geringen Menge stiegen die Weinpreise nicht über die des Vorjahres hinaus. An Hand

---
[214] Vgl. Der Deutsche Weinbau 1/1972, S. 3.
[215] Vgl. ebd. S. 3.
[216] Ebd. S. 3.
[217] Vgl. Der Deutsche Weinbau 27/1975, S. 1134.
[218] Der Deutsche Weinbau 1/1975, S. 3.

dieses Preisverfalls und der immer größer werdenden Weinmenge wurde den Betroffenen schnell deutlich, dass die neuen Normen keine zufrieden stellende Lösung des Problems bringen konnten. Besonders kritisch war die Lage an der Mosel. Hier ging das Verhältnis zwischen Arbeit und Gewinn der Winzer immer mehr auseinander. Im Mai 1975 berichtete *Die Weinwirtschaft*[219] sogar von geplanten Demonstrationen gegen die Weinbaupolitik und von Aufforderungen an die Winzer, die Kellerbücher zu verbrennen, da in Österreich auch keine geführt werden müssten.

Es galt nun also, schnellstmöglich einen neunen weinbaupolitischen Weg zu finden, der den Problemen der Winzer und der gesamten Weinwirtschaft gerecht werden würde – Ziel musste es sein, den Weinpreis anzuheben und somit die Arbeit der Winzer wieder lohnender zu machen.

4.3. Maßnahmen in den 70er Jahren

Schnell wurden Ursachen und Gründe für den enormen Preisverfall gesucht und zum Teil auch gefunden. So war den Äußerungen des Weinbaupräsidenten Tyrell anzumerken, dass er die Schuld dieses Verfalls zunächst im ausländischen Wein sah. Mit der Öffnung des Marktes kam natürlich immer mehr ausländischer Wein nach Deutschland. Dem deutschsprachigen Ausland wurde aufgrund des Kompromisses im Vermittlungsausschuss nun auch noch erlaubt, die deutschen Qualitätsbezeichnungen zu verwenden – ohne die in Deutschland notwendigen Prüfungsmaßnahmen zu durchlaufen. Aus diesem Grund forderte Tyrell schon im Jahre 1972 eine sensorische Prüfung des vor allen Dingen österreichischen Weines, der in die Bundesrepublik importiert wurde. Für den Fall, dass dies in Österreich nicht möglich sei, forderte er eine Prüfung des ausländischen Weines in Deutschland.[220] Nach monatelanger Diskussion in den Verbänden aber auch innerhalb der Ministerien wurde am 9. Februar 1972 vom Bundesrat schließlich eine Verordnung erlassen, die eben diese Frage der Bezeichnung und Prüfung von österreichischen Weinen klären sollte. Nach dieser Verordnung über die Zulassung von deutschen Qualitätsbezeichnungen für ausländische Weine wurden die deutschen Qualitätsbezeichnungen nur zugelassen, wenn der Wein zuvor einer amtlichen sensorischen Prüfung unterzogen wurde.[221] Die Tatsache,

---

[219] Die Weinwirtschaft 18/1975, S. 476.
[220] Vgl. Der Deutsche Weinbau 3/1972, S. 53.
[221] Vgl. § 1 Abs. 3 dieser Verordnung.

dass das Plenum des Bundesrates[222] ohne eine Aussprache den Empfehlungen der Ausschüsse[223] gefolgt war, zeigt die Einigkeit der Länder über die getroffene Maßnahme.

Weitere Ansätze zur Lösung der Misere unter den Winzern machte der Deutsche Weinbauverband im Jahre 1975. »»Nach einer Vorbereitung von einigen wenigen Monaten hat der Deutsche Weinbauverband [...] »Leitlinien zur Weinbaupolitik« erarbeitet und diese den Parlamenten in Bund und Ländern sowie den zuständigen Bundes- und Länderministern übermittelt.««[224] Ausgearbeitet wurden diese Leitsätze von einer kleinen Gruppe, die von der Mitgliederversammlung am 5. März 1975 beauftragt wurde. Um eine möglichst ausgewogene Diskussion und somit auch ausgewogene Ergebnisse zu erhalten, gehörten ihr Persönlichkeiten aus den verschiedenen Anbaugebieten an.

Die Leitsätze teilten sich in drei Hauptgebiete:

1. Ausgangslage
2. Allgemeine Grundsätze
3. Problemlösungen

Die Ausgangslage wurde oben bereits geschildert. Der wichtigste der allgemeinen Grundsätze war das Bekenntnis des Deutschen Weinbauverbandes zur seit 1971 praktizierten Qualitätsweinpolitik – *Qualität im Glase*. Zur Lösung der Probleme nannte die Arbeitsgemeinschaft des DWV acht Punkte in ihren Leitsätzen. Die Arbeitsgemeinschaft sprach sich unter anderem gegen eine Erhöhung der Mindestmostgewichte aus. Hektarhöchsterträge seien, so hieß es in den Leitsätzen weiter, bereits in der Qualitätsweinverordnung 817/70 EWG und im Weingesetz 1971 geregelt. Allerdings widersprachen die Leitsätze der von der EWG geplanten Regelung. Hiernach sollte die gesamte Weinmenge zu Tafelwein deklassiert werden, für den Fall, dass die Erntemenge gewisse, von der EWG gesetzte Grenzwerte überschritt. Ein Verkauf als Qualitätswein wäre somit nicht mehr möglich gewesen und hätte für die Winzer ei-

---
[222] Vgl. BR-Sitzung vom 9. November 1972.
[223] BR-Drucksache 741/71.
[224] Der Deutsche Weinbau 18/1975, S. 625.

nen enormen Einkommensverlust gebracht. Als Lösung zur Mengenbegrenzung brachte die Arbeitsgemeinschaft den Vorschlag der Anschnittbegrenzung. Der Anschnitt sollte nach Sorte und Standort differenziert nur auf eine bestimmte Augenzahl begrenzt werden. Diese Augenzahl sollte nach dem Vorschlag auf den qm gemessen werden.[225] Weiterhin müsse sichergestellt werden, so die Arbeitsgemeinschaft in ihren Vorschlägen, dass es zu keiner Diskriminierung des Tafelweines komme, die ebenfalls einen enormen Preisverfall zur Folge hätte.

Die Sicherung des Qualitätsweinbaus durch Mengenbegrenzung wie der Hektarhöchstertragsregelung, dem Anbaustopp und anderen Möglichkeiten war fortan an als das Ziel der nationalen Weinbaupolitik anzusehen. 1975 war also weinbaupolitisch ein Jahr des Umbruchs. Erstmals wurde laut über die gesetzliche Begrenzung der zu erntenden Menge nachgedacht. Diese sollte nach den Vorstellungen von Weinbaupräsident Tyrell jedoch wie die Festlegung der Mindestmostgewichte auch an die regionalen Verhältnisse angepasst werden.[226]

Der zunächst erwartete Protest der Winzer gegen die geforderten Maßnahmen blieb aus. Scheinbar war die Lage des Berufsstandes so misslich, dass den Winzern jedes Mittel zur Preissteigerung recht gewesen ist. Auf dem 49. deutschen Weinbaukongress in Stuttgart sprachen sich die gesamte Weinbaubranche sowie die sich mit der Weinbaupolitik befassenden Politiker für einen Anbaustopp aus.[227] Diese Einigkeit machte stark. So planten die Betroffenen einen Alleingang in Sachen Anbaustopp für den Fall, dass die Nachbarländer und somit auch die EWG sich gegen eine solche Norm aussprechen würden. Diese Befürchtungen waren jedoch schnell ausgeräumt, als die EWG Mitte Mai 1976 ein zunächst befristetes Neuanpflanzungsverbot[228] für Weinreben aussprach. Die Weinbaupolitiker der Bundesrepublik zeigten sich hoch erfreut über diese Regelungen und sahen die von ihnen praktizierte Politik als bestätigt. ››Präsident Tyrell nannte [...] das Inkrafttreten des Anbaustopps in der EG den Beginn einer neuen Ära in der europäischen Weinbaupolitik [...].‹‹[229] Den Betroffenen wurde allerdings schnell deutlich, dass dieser Anbaustopp nicht die einzige Maß-

---

[225] Vgl. Der Deutsche Weinbau 18/1975, S. 638.
[226] Werner Tyrell in seinem Ausblick für das Jahr 1975. In: Der Deutsche Weinbau 1/1975, S.3.
[227] Der Anbaustopp ist zu unterscheiden von der im WWG und im Weingesetz normierten Anbauregelung. Die Anbauregelung besagt, dass Weinreben nur auf für weinbauwürdigen Flächen angebaut werden darf. Der Anbaustopp untersagt jedoch jede Neuanpflanzung.
[228] Art. 2 Abs. 1 VO (EWG) Nr. 1162/76 vom 17. Mai 1976.
[229] Der Deutsche Weinbau 17/1976, S. 596.

nahme sein konnte, die zu einer Preisstabilisierung auf dem Weinmarkt führen sollte. Denn trotz dieser Regelung wurde in Deutschland und der EWG immer mehr Wein produziert. Aufgrund von veränderten und moderneren Anbaumethoden war es den Winzern möglich, die Erntemenge pro Hektar zu vergrößern.[230]

Jahr	Insgesamt		
	Ertragsrebfläche ha	Hektarertrag hl	Erntemenge 1.000 hl
1969	49.977	87,5	4.374
1970	51.883	139,3	7.229
1971	52.854	84,4	4.461
1972	54.072	102,3	5.533
1973	55.517	137,9	7.657
1974	57.000	95,9	5.467
1975	57.716	115,1	6.642
1976	58.582	102,9	6.028
1977	59.206	115,3	6.829
1978	59.684	86,8	5.178
1979	57.465	93,9	5.396
1980	59.025	57,4	3.390
1981	57.851	91,7	5.305
1982	58.005	182,1	10.561
1983	58.926	151,6	8.932
1984	60.006	94,5	5.669
1985	60.710	68,3	4.144
1986	61.028	110,3	6.729
1987	61.246	103,2	6.323
1988	61.047	99,8	6.091
1989	61.130	141,7	8.665
1990	61.229	94,2	5.766
1991	62.702	115,2	7.226
1992	63.259	145,3	9.191
1993	65.597	101,7	6.674

---

[230] Vgl. Tabelle 3: Mostertrag der Jahrgänge 1969 – 2001. Die Daten von Rheinland-Pfalz spiegeln den bundesdeutschen Trend wieder.

Jahr			
1994	66.206	104,3	6.902
1995	65.837	89,8	5.911
1996	65.289	89,9	5.870
1997	65.583	88,4	5.796
1998	65.007	108,9	7.077
1999	64.723	122,9	7.955
2000	64.625	105,0	6.786
2001	62.722	95,0	5.959

Tabelle 3: Mostertrag in Rheinland-Pfalz

Dieser Trend bestärkte die schon länger währende Diskussion über eine Hektarhöchstertragsregelung, die im Sommer 1976 ihren ersten Niederschlag in einem Entwurf der EWG fand[231]. Hiernach sollten Grenzwerte für die Erntemenge festgesetzt werden, die nur in einem gewissen Prozentsatz überschritten werden durften. Eine weitere Überschreitung dieser Grenzwerte schloss dem Entwurf nach die gesamte Erntemenge aus der QbA-Weinherstellung aus. Diese Idee der EWG-Bürokraten stieß bei den deutschen Winzern, Weinbaufunktionären und Politikern auf Ablehnung. Die hart erkämpfte und ins 71er Weingesetz aufgenommene nationale Qualitätsweinregelung hätte hierdurch einen tiefen Einschnitt erlitten. Die Bemühungen der Berufsvertreter und Politiker gegen die von der EWG geplante Hektarhöchstertragsregelung führten zu einem Erfolg. Die rheinland-pfälzische SPD-Landtagsabgeordnete Hilde Kerner schrieb die Abwehr dieser EWG-Vorlage dem damaligen Bundeslandwirtschaftsminister Ertl zu. »Bei der Vorlage des Änderungsentwurfs habe Ertl die Protestargumente des Deutschen Weinbauverbandes aufgegriffen und sich in Brüssel kompromisslos gezeigt.«[232] Bedingt durch Ertls Kompromisslosigkeit galt die deutsche Qualitätsweinregelung fort. Somit konnte Wein, auch wenn er aus einer Übermenge stammte, zu Qualitätswein werden.

4.4. Die Weinwirtschaft in den 80er Jahren

Das neue Jahrzehnt beginnt in Sachen Weinbau zunächst mit einer eher schlechten Nachricht. Die Landeszentrale der Staatsanwaltschaft für Weinstrafsachen in Mainz

---

[231] Vgl. Der Deutsche Weinbau 22/1976, S. 837 f.
[232] Die Weinwirtschaft 1/2/1977, S. 6.

informierte die Öffentlichkeit über ihre Ermittlungen bezüglich einer verbotenen Anreicherung von Wein mit Flüssigzucker. Dies sollte nur der Anfang eines skandalreichen Jahrzehnts werden. Die Ernte des Jahre 1980 brachte den Winzern ein schlechtes Ergebnis.

Auf einer gemeinsamen Tagung der Weinbauverbände aus allen großen deutschen Anbaugebieten diskutierten die Vertreter den Weinherbst 1982. In eben diesem Herbst hatten die Winzer einen enormen Preisverfall zu verbuchen, dessen Folgen es nun zu analysieren und zu beseitigen galt. Gerade eine solch große Ernte brachte die Winzer in eine Situation, die sie nicht bewältigen konnten – die Lagerkapazitäten reichten für die Einlagerung des geernteten Mostes nicht aus. Hinzu kam, dass auch die Selbstvermarkter, die ihren Wein ansonsten zum größten Teil auf der Flasche verkauft haben, die Übermenge ebenfalls auf dem Fassweinmarkt anboten. Somit war es für die großen Weinkellereien ein leichtes Spiel, diesen Most zu unterdurchschnittlichen Preisen einzukaufen.

Mitte der 80er Jahre traf es die deutschen Winzer erneut mit einer Härte nie gekannten Ausmaßes. Der zunächst auf Österreich beschränkte Skandal um glykolhaltige Weine schwappte auf die Bundesrepublik über, nachdem in einigen deutschen Weinhandelskellereien ebenfalls Weine entdeckt wurden, die Glykol enthielten. Der Absatz des deutschen Weines wurde immer schwieriger, der Imageschaden war enorm. Auch gegen Ende der 80er Jahre war keine Preissteigerung beim deutschen Wein zu erkennen. Die Kosten der Weinherstellung stiegen und bedingt durch die Kombination von Absatzrückgang und sinkenden Weinpreisen mussten viele Winzerbetriebe ihre Arbeit einstellen. Allein Rheinland-Pfalz musste den Rückgang von über 5 000 Weinbaubetrieben zwischen 1979 und 1989 feststellen.[233] Allerdings sahen Marktexperten in der gestiegenen Anzahl der Anmeldungen zur Qualitätsweinprüfung ein Zeichen für eine gesteigerte Marktnachfrage, so dass die Weinwirtschaft mit positiven Gefühlen in das nächste Jahrzehnt ging.

---

[233] Vgl. Statistisches Landesamt Rheinland-Pfalz (Hrsg.): Statistisches Taschenbuch Rheinland-Pfalz 2000. Bad Ems 2000, S. 110.

4.5. Maßnahmen in den 80er Jahren

Unmittelbar nach dem Weinherbst von 1979 hatte sich der Deutsche Weinbauverband für eine Verlängerung des Anbaustopps um ein Jahr eingesetzt.[234] Dieser sollte nach der ursprünglichen Fassung im Weinwirtschaftsgesetz zum 30. November 1979 auslaufen. Diese von den obersten Weinbauvertretern getroffene Entscheidung traf bei den Betroffenen, den Winzern selbst, auf großes Unverständnis und Ablehnung, da die im Herbst zuvor eingebrachte Ernte in keiner Weise als mengenmäßige Rekordernte einzustufen war.[235] Hinzu kam die Tatsache, dass zu dem Zeitpunkt, an dem die Entscheidung des Deutschen Weinbauverbandes getroffen wurde, abzusehen war, dass die beiden Nachbarländer Frankreich und Italien eine sehr große Ernte einfahren würden. Eine Situation, die den Unmut der deutschen Winzer immer größer werden ließ.

An der Gesetzesfront war gleich zu Beginn dieser Periode, genau am 8. August 1980, das Dritte Gesetz zur Änderung des Weingesetzes verkündet worden.[236] Wichtige, die aktuelle Situation verbessernde Maßnahmen wurden hierdurch jedoch nicht auf den Weg gebracht. Gegenstand dieses Gesetzes war »lediglich die Verlängerung der Frist für die Zulässigkeit des Deckrotweinzusatzes bis 1984.«[237]

Wie bereits während der Betrachtung zu den 70er Jahren geschildert, war es dem Deutschen Weinbauverband ein Anliegen, seine weinbaupolitischen Ziele auf den Winzerversammlungen kund zu tun und so die Stimmung der Winzer einzufangen und vielleicht sogar zu beschwichtigen. So geschehen anlässlich einer Fachtagung an der Mosel. Hier schilderte der neue Präsident des Deutschen Weinbauverbandes Dr. Muth zum ersten Mal in den 80er Jahren die Zielsetzung seines Verbandes.
Die weinbaupolitische Leitlinie des Deutschen Weinbauverbandes war immer noch die Forderung nach einer qualitätsorientierten Anbaupolitik, die aber immer auch eine Begrenzung der Menge beinhaltete.

---

[234] Vgl. Der Deutsche Weinbau 1/1980, S. 5
[235] *Der Deutsche Weinbau* spricht von einer Erntemenge mittlerer Größe, die in den Jahren 1978 etwa 7,30 Mill. hl und 1979 etwa 7,97 Mill. hl hervorbrachte. Vgl. Der Deutsche Weinbau 1/1980, S. 5.
[236] Vgl. Tabelle 2.
[237] Koch, Hans-Jörg: Weingesetz. Kommentar. Frankfurt am Main 1990, S. 22.

Natürlich war auch die Winzervertretung gegen die mittlerweile enorm gestiegene Einfuhr von ausländischem Wein. Doch eine Chance, diese Einfuhr zu stoppen bzw. einzudämmen, sah der Verband nicht. Gerade bei Weinen aus den EWG-Ländern sah Muth keine Möglichkeit, die Einfuhr zu reduzieren.[238] Als weitere weinbaupolitische Ziele für die kommenden achtziger Jahre zog der Präsident eine eventuelle Aufgliederung der Weinbauzone A in zwei Unterzonen in Betracht. Weiterhin machte er sich für die Stärkung bzw. die Rückgewinnung des Verbrauchervertrauens stark, das gerade nach dem Flüssigzuckerskandal gesunken war.

Die Kriterien Qualität und Verbrauchervertrauen waren es jedoch, die dann, wie im vorangegangenen Kapitel bereits geschildert, mit Füßen getreten wurden. Mit einem Mal waren die langjährigen Bemühungen um den deutschen Wein, die immer wieder die gute Qualität als Vorsprung gegenüber den anderen, ausländischen Weinen, propagierten, nichtig geworden. Der Verbraucher hatte das Vertrauen in den deutschen Wein verloren und konsumierte nun mehr den je ausländischen, vornehmlich französischen und italienischen Wein. Die im Vergleich zu den EWG-Partnerländern ohnehin schon starken Regelungen bezüglich der Qualität und des Verbraucherschutzes wurden nun nochmals diskutiert und verstärkt. Eine dieser Maßnahmen war der Wegfall des während der Entstehung des Weingesetzes von 1971 hart umkämpften bezeichnungsunschädlichen Verschnitts.

Dieser Skandal stellte eine besondere Herausforderung an die Weinbaupolitik. In zahlreichen Parlamenten stieg die Anzahl der einzelnen Anfragen an die betroffenen Ressortminister. Der Ministerpräsident des größten deutschen Weinanbaugebietes Vogel gab zu diesem Thema am 29. August 1985 eine Regierungserklärung im rheinland-pfälzischen Landtag ab.[239] Zuvor hatten die Fraktionen der SPD und CDU Entschließungsanträge zum Weinskandal an den Landtag gestellt.
Der Grundtenor dieser Regierungserklärung war der nun noch weiter auszubauende Verbraucherschutz sowie die stärker zu fördernde Qualität des deutschen Weines. »›Vorrang muß dabei [*bei den zuvor dargestellten Konsequenzen; der Verfasser*] zunächst haben, das Qualitätsprodukt ››deutscher Wein‹‹ zu schützen und das Vertrauen

---

[238] Vgl. Der Deutsche Weinbau 3/1981, S. 87.
[239] Vgl. Landtag Rheinland-Pfalz, 10. Wahlperiode, Plenarprotokoll 10/49.

in dieses Qualitätsprodukt neu zu festigen.«[240] Vogel betonte in seiner Rede, dass das Land Rheinland-Pfalz schon vor diesen Skandalen Vorschläge zur Verbesserung des Verbraucherschutzes und zur Kontrolle des Weines gemacht hatte. Diese seien jedoch von Bundesregierung und den anderen Bundesländern nicht unterstützt worden.

Als weiteres unabdingbares Ziel setzte der Ministerpräsident den Schutz der einzelnen, kleinen Winzerbetriebe sowie deren Förderung an. Gerade Mitte der 80er Jahre, in denen die Weinpreise, wie im vorigen Kapitel bereits angesprochen, auch ohne Skandale im Keller waren, sah es die Landesregierung als notwendig an, diesen vielen Winzerbetrieben, die unverschuldet in Not geraten waren, zu helfen.[241]

Auf Bundesebene einigte sich der Bundesrat in diesem Zusammenhang im November 1985 auf eine Entschließung zur Weinbaupolitik sowie über die Änderung weinrechtlicher Vorschriften.[242] Auch hierin wurde zunächst die Rückgewinnung des Verbrauchervertrauens in die Qualität des deutschen Weines als oberstes Ziel angesehen. Abgesehen von Möglichkeiten, die die Bundesländer hätten, müsste sich die Bundesregierung auf EG-Ebene für die Verringerung von Einlassstellen für ausländischen Wein in das Bundesgebiet einsetzen. Durch die Verringerung dieser Stellen »können die verbleibenden Einlassstellen personell und apparativ besser ausgerüstet werden.«[243] Weiterhin, so die Forderungen des Bundesrates, müsste die Anzahl der Proben von importiertem Wein erhöht und eine verstärkte Weinkontrolle durchgeführt werden. Das nationale wie das supranationale Weingesetz sollte nach dem Willen des Bundesrates überschaubarer werden.

An der Tatsache, dass solche Forderungen berechtigt waren, zweifelte zu diesem Zeitpunkt niemand. Eine mögliche Umsetzung dieser vom Bundesrat und dem Deutschen Weinbauverband gemachten Vorschläge war jedoch nur in begrenztem Maße möglich. So wies Bernd Steinlein, Ministerialrat im Bundesministerium für Ernährung, Landwirtschaft und Forsten, auf die Tatsache hin, dass die deutsche Weinwirtschaft voll in die EG-Weinmarktorganisation integriert sei und es nur noch wenig Spielraum für ein eigenständiges nationales Handeln gebe.[244] Einzig im Qualitätsweinbereich blieben der Bundesrepublik noch Möglichkeiten, eigenständige Regelungen durchzusetzen.

---

[240] Ebd. S. 2770.
[241] Vgl. ebd. S. 2773.
[242] BR-Drucksache 395/85.
[243] BR-Drucksache 395/85 B, S. 2.
[244] Vgl. Der Deutsche Weinbau 16/1987, S. 708.

Gegen Ende dieses Jahrzehnts werden auch im Vergleich zu der vorangegangenen Zeit immer mehr parteipolitische Auseinandersetzungen im Rahmen der Weinbaupolitik deutlich. Die Zeit der Entstehungsphase zum Weingesetz 1971 und die darauf folgenden Jahre waren von einer relativen inter-parteilichen Einigkeit geprägt. Die oben erwähnten Skandale bedingten aber Mitte der 80er Jahre eine neue Situation. Niemand wollte sich eine Schuld an diesen, die Weinwirtschaft fast ruinierenden Skandalen einräumen. So kam es immer wieder zu Anschuldigungen innerhalb der Parteiszene auf Bundes- wie auch auf Länderebene.[245]

4.6. Die Weinwirtschaft von 1990 bis heute

Der Übergang der Weinwirtschaft von den 80er in die 90er Jahre war, wie viele andere Bereiche der Gesellschaft und der Wirtschaft auch, durch den Umbruch in Osteuropa und vor allen Dingen durch den Zusammenbruch der DDR beeinflusst. Der Absatzmarkt wurde größer und eine Vielzahl von neuen Kunden konnte hinzugewonnen werden.

Die zuständigen Stellen der Qualitätsweinprüfung berichteten 1989 und 1990 von einem stetigen Anstieg bei den Anstellungen zur Qualitätsweinprüfung. Im Vergleich zum Vorjahr wurde 1990 ein Zuwachs von 2,3 Prozent und im Vergleich zu Mitte der 80er Jahre gar ein Zuwachs von 14,4 Prozent verzeichnet.[246] Somit stieg auch die geprüfte Weinmenge. Diesem steigenden Trend entnahmen die zuständigen Behörden zu Beginn der 90er Jahre ihre Aussage, wonach die Nachfrage nach deutschem Wein ebenfalls gestiegen sei. Weiterhin berichtete das Ministerium für Landwirtschaft und Weinbau im Jahre 1991, dass die Einkommenssituation in den Weinbaubetrieben eine deutliche Verbesserung erfahren hätte. In einigen rheinland-pfälzischen Anbaugebieten konnten die Fassweinvermarkter einen Gewinnzuwachs von über 100 Prozent im

---

[245] Der Ministerpräsident von Rheinland-Pfalz machte in seiner Regierungserklärung am 29. August 1985 darauf aufmerksam, dass er und seine zuständigen Mitarbeiter schon im Vorfeld schärfere Kontrollen und verbesserte Maßnahmen gefordert haben. Diese seien jedoch nicht angenommen worden. Vgl. hierzu: Landtag Rheinland-Pfalz, 10. Wahlperiode, Plenarprotokoll 10/49, S. 2771. So kritisiert der Europaabgeordnete Langes (CDU) 1987 das Abstimmungsverhalten der deutschen SPD Sozialdemokraten im Europäischen Parlament. Einerseits seien sie für die Vertretung der deutschen Interessen, auf der anderen Seite lehnten sie die Zuckerung für Wein auf die Dauer ab. Vgl. Der Deutsche Weinbau 11/1987, S. 446.

[246] Vgl. Der Deutsche Weinbau 6/1991, S. 226.

Vergleich zum Vorjahr verbuchen.[247] Diese Werte und Angaben erscheinen jedoch in einem sehr trügerischen Licht, wenn man sich die Gewinne der vorangegangenen Jahre betrachtet, die nämlich an der Grenze des Existenzminimums lagen. Die Verdopplung eines geringen Verdienstes ist nur relativ ein großer Erfolg für den Betrieb, effektiv bedeutet dies nicht unbedingt, dass der Gewinn das Überleben des Betriebes sichern kann. Das wirklich wahre Bild ergibt sich nur, wenn man sich hierzu parallel die Anzahl der Betriebe in Deutschland ansieht.[248] Letztendlich wird nämlich dann deutlich, dass der Gewinn zwar gestiegen ist und sogar teilweise verdoppelt werden konnte, die Anzahl der Betriebe aber sank. Somit belieferten immer weniger Betriebe einen relativ gleich bleibenden Markt.

Ein Grund, dass sogar die Moselwinzer, die ihren Wein im Fass verkauft hatten, eine Steigerung des Gewinns verzeichnen konnten, lag an der Tatsache, dass es zu diesem Zeitpunkt noch möglich war, die Übermenge als einigermaßen gut bezahlten Sektgrundwein auf den Markt zu bringen. Allerdings muss hier ebenfalls die Anzahl der Betriebe zur Erklärung herangezogen werden. Auch an Mosel, Saar und Ruwer ist die Anzahl der Betriebe bei gleich bleibender Fläche nämlich stark zurückgegangen,[249] so dass sich weniger Betriebe den Markt teilen mussten.

Den positiven Daten, die allesamt von staatlichen Stellen kamen, widerspricht die Einschätzung des Präsidenten des Deutschen Weinbauverbandes Dr. Muth. Er bezeichnete die allgemeine Situation der Weinwirtschaft als die schwierigste seit 30 Jahren.[250] Angesichts der bevorstehenden rheinland-pfälzischen Landtagswahlen, die im April des Jahres 1991 stattfanden, wird deutlich, warum die oben genannten Stellen von einer positiven Trendwende auf dem Gebiet der Weinwirtschaft berichtet haben. Nichtsdestotrotz wurde die amtierende, von der CDU geführte Landesregierung, abgewählt. Die SPD erreichte mit 47 Sitzen die stärkste Fraktion im Landtag.

Zwei Jahre später sagte Prof. Hoffmann, ein anerkannter Wissenschaftler in Sachen Weinmarketing und -betriebswirtschaft der Fachhochschule Geisenheim, einen Rückgang der Weinbaubetriebe von ungefähr einem Drittel voraus. Dieses Drittel, so Hoffmann, sei bereits existenzbedroht und werde in den kommenden 10 bis 20 Jahren aufhören. Eine Tendenz, die sich an Hand der vorliegenden Tabellen bestätigen lässt.

---

[247] Vgl. Der Deutsche Weinbau 9/1991, S. 337, Übersicht 1.
[248] Vgl. Abb. 1 und 2.
[249] Vgl. Statistisches Landesamt Rheinland-Pfalz (Hrsg.) [FN 231] S. 110.
[250] Der Deutsche Weinbau 1/1990, S. 3.

Zählte man im Jahr 1989 noch 46045 Weinbaubetriebe, so muss man im Jahre 1999 einen Rückgang von 11670 Betrieben feststellen. Allein in Rheinland-Pfalz lässt sich für diesen Zeitraum ein Rückgang von 7164 Betrieben erkennen.[251]

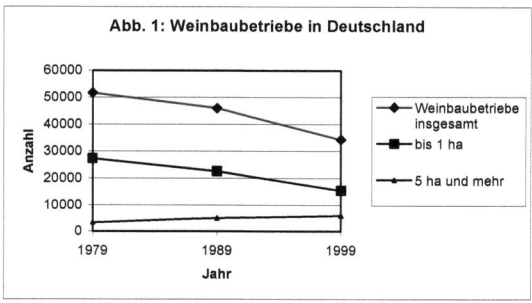

Abbildung 1

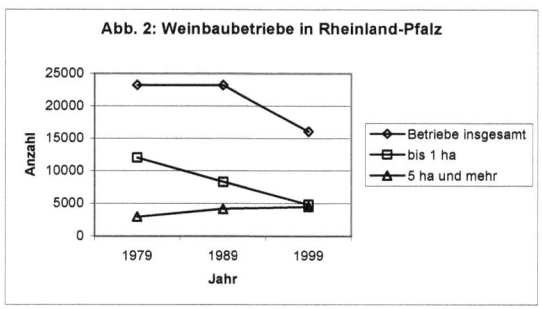

Abbildung 2

Die allgemeine Lage der Weinwirtschaft in der Bundesrepublik Deutschland erscheint in diesen Jahren alles andere als zufrieden stellend. Auch der Regierungswechsel in Rheinland-Pfalz und die damit verbundenen personellen Veränderungen konnte keinen Wandel herbeiführen. Die Weinpreise sanken und der Rückgang der Weinbaubetriebe war nicht aufzuhalten. Die Winzer verzeichneten Preise im Qualitätsweinbereich, die erstmals unter 1 DM pro Liter lagen. Dieser Abwärtstrend hält

---

[251] Vgl. Diagramme über die Anzahl der Betriebe in den Jahren 1979 bis 1999.

bis zu diesen Tagen an. Die Fassweinpreise für einen Qualitätswein liegen derzeit bei einem Preis zwischen 35 und 45 Euro pro Hektoliter.

4.7. Maßnahmen in den 90er Jahren

Ein Mittel, den Weinüberschuss der vergangenen Jahre zu verringern und so den Preis zu stabilisieren, war der seit langem praktizierte Anbaustopp für Neuanpflanzungen. Betrachtet man sich die Statistiken[252], so wird deutlich, dass es im Vergleich zu den 50er und 60er Jahren tatsächlich keinen nennenswerten Zuwachs an Rebfläche gegeben hat. Aus diesem Grund begann das Weinbaujahrzehnt der 90er Jahre mit der Verlängerung des Anbaustopps. Durch eine EU-Verordnung wurde dieser bis zum 13. August 1996 verlängert. Die Tatsache, dass durch neue Anbaumethoden und verbesserte Weinreben auf der gleichen Fläche mehr geerntet werden konnte, sollte durch die nun beginnende Mengenregulierung begrenzt werden. Diese von der EWG zwar seit Jahren geforderte nationale Umsetzung des so genannten *Hektarhöchstertrages* wurde erst durch das 6. Änderungsgesetz des Weingesetzes von 1971 vom 18. Juli 1989 verbindlich eingeführt. Als erstes Bundesland setzte Rheinland-Pfalz diese dirigistische Maßnahme um. Durch die bestehende Möglichkeit der Überlagerung dieser Übermenge gab es zu Beginn kaum Winzer, die sich an den vorgeschriebenen Wert der Begrenzung hielten. Die Hektarerträge wurden nach wie vor mehr vom Wetter als von den Winzern selbst bestimmt.

Im Jahr 1991 wurde eine von den Winzern lang geforderte Veränderung durchgeführt. Das Bundesministerium für Gesundheit gab seine Zuständigkeit in Sachen Weinbau komplett an das Ministerium für Landwirtschaft ab. Diese Zusammenlegung hatten Winzer und Weinbauverbände bereits in den 70er Jahren gefordert, um Zuständigkeitsstreitigkeiten zu vermeiden. Ein Jahr später begannen in diesem Ministerium die ersten Beratungen zu einem komplett neuen Weingesetz, das den immer zahlreicher gewordenen EU Bestimmungen angepasst werden und somit nur noch ein Rahmen der supranationalen Normen sein sollte bzw. konnte.

Der Deutsche Weinbauverband begrüßte den Gesetzentwurf, machte aber in seiner schriftlichen Stellungnahme gleichzeitig viele Ergänzungs- und Änderungsvorschlä-

---

[252] Vgl. Tabelle 3.

ge.[253] Nach einigen Unstimmigkeiten mit den einzelnen Regionalverbänden, die ihre spezifischen Interessen nicht genügend berücksichtigt sahen und weiterer Verhandlungen der einzelnen Ausschüsse und Unterausschüsse wurde das neue Weingesetz am 23. Juli 1994 vom Bundestag verabschiedet.[254] Im gleichen Jahr wurde auf Landesebene das Ministerium für Landwirtschaft, Weinbau und Forsten in Rheinland-Pfalz abgeschafft und in seinen Aufgaben dem Ministerium für Wirtschaft und Verkehr zugeordnet. Dieser Schritt stieß bei den aktiven der Weinbaubranche auf erhebliche Ablehnung, da man hierin einen nicht unwesentlichen Verlust seitens der Landesregierung am Interesse des Weinbaus vermutete.

In den nachfolgenden Jahren, in denen die Misere in der Weinwirtschaft immer deutlicher wurde, kam es ständig zu neuen Forderungen und Lösungsvorschlägen zur Beseitigung der desolaten Situation der Weinbranche. 1997 setzte sich das rheinland-pfälzische Ministerium für Wirtschaft, Verkehr, Landwirtschaft und Weinbau Arbeitsschwerpunkte, mit denen der Weinbau aus der Krise geführt werden sollte.[255] Steillagenförderung, Entbürokratisierung im Weinbau und die Imagepflege des deutschen Weines standen hiernach ganz oben auf der Tagesordnung. Zu der sich 1997 bereits abzeichnenden Reform der EU-Weinmarktorganisation im Rahmen der Agenda 2000 zeigte sich das Ministerium kooperativ mit dem Deutschen Weinbauverband. Beide sprachen sich für die Beibehaltung des Regionalprinzips und der Subsidiarität in Sachen Weinbau aus. Im März 1998 einigten sich die Agrarminister der Europäischen Union über das Agrarpaket der Agenda 2000. Hierzu gehörte auch die Weinmarktordnung, die für den deutschen Weinbau keine nachteiligen Veränderungen herbeiführte. Die deutschen Mitglieder des EP-Agrarausschusses, maßgeblich die Abgeordneten Christa Klaß und der frühere rheinland-pfälzische Weinbauminister Dr. Werner Langen, konnten erreichen, ›»daß die essentiellen deutschen Weinbauinteressen in diesem Kompromißpapaier praktisch vollständig enthalten sind.«‹[256] Der Präsident des Deutschen Weinbauverbandes Norbert Weber zeigte sich nach der Verabschiedung erfreut. ›»Mit dem jetzt erreichten Verhandlungsergebnis kann die deutsche

---

[253] Vgl. Das Deutsche Weinmagazin 2/1993, S. 9.
[254] Eine genauere Betrachtung dieses Gesetzgebungsprozesses lässt sich in dieser Arbeit nicht durchführen. Bei der Betrachtung des 71er Weingesetzes ist bereits deutlich geworden, welchen Weg ein Weingesetz in den einzelnen Gremien geht und welche externen Institutionen an einem solchen Prozess beteiligt werden.
[255] Vgl. Das Deutsche Weinmagazin 1/1996, S. 9.
[256] Das Deutsche Weinmagazin 3/1999, S. 6.

Weinwirtschaft im Gegensatz zu anderen Sparten der Landwirtschaft, wo negative Auswirkungen auf die landwirtschaftlichen Einkommen und Arbeitsplätze befürchtet werden, mehr als zufrieden sein.«[257]

Weitere Möglichkeiten, den deutschen Weinbau in ruhigeres Fahrwasser zu manövrieren, sind Bestrebungen nach mehr Abnahmeverträgen zwischen den großen Kellereien und den einzelnen Winzern. Diese Verträge binden beide Seiten an vorher verbindlich geregelte Bedingungen. Die Kellereien machen vor der Weinlese Vorgaben, welchen Wein sie benötigen, geben aber gleichzeitig die Zusage, diesen Wein zu einem relativ guten Preis einzukaufen.

---

[257] Das Deutsche Weinmagazin 7/1999, S. 9.

5. Zusammenfassung und Resümee

Wein und Deutschland – zwei eng mit einander verbundene Begriffe. Die über 2000 jährige Tradition, die der Weinbau in Deutschland hat, lässt diesen Satz zu. Bedingt durch die lange Tradition kam es schon frühzeitig zu gesetzlichen Regelungen über den Wein. Im Laufe der Zeit unterzogen sich diese den Wein betreffende Normen aber einem stetigen Wandel. Zunächst lassen sich die Gesetze über den Wein als Verbraucherschutzgesetze charakterisieren, die den Weintrinker vor gesundheitsschädigenden Zusätzen bewahren sollten. Neue, moderne Gesetze, lassen sich erst zum Ende des 19. Jahrhunderts ausmachen. Das Weingesetz vom 20. April 1892 läutete eine neue Ära in der Weinrechtsgeschichte ein. Erstmals wurde sich hierin der Weinbereitung und der Bezeichnung von Wein angenommen. Mit dem weiteren Zeitfortschritt wurden auch neue Gesetze notwendig – diese folgten in den Jahren 1901 und 1909. Doch eines fehlte all diesen Gesetzen – die wirtschaftspolitische Komponente. Erst im Jahre 1930 folgte eine Norm über den Wein, die die Einfuhr von ausländischem Wein zum Schutze des deutschen Weines einschränkte. Dieses Gesetz behielt, wenn auch mehrfach geändert, seine Gültigkeit bis 1971. Durch die Errichtung eines gemeinsamen europäischen Marktes, zu dem auch der Weinmarkt zählen sollte, wurde ein völlig neues Weingesetz notwendig.

Der deutsche Weinmarkt war aufgrund seiner geographische Lage einer der schwierigsten Weinmärkte auf dem Gebiet der EWG. Die deutschen Weinanbaugebiete befinden sich an der nördlichen Anbaugrenze von Wein überhaupt. Weinbau ist in einigen deutschen Anbaugebieten nur aufgrund kleiner Mikroklimate an den Hängen der Flusslandschaften möglich. Die Betriebsstrukturen weisen im Vergleich mit den Betrieben der EWG-Partner zusätzlich zum eben beschriebenen Standortnachteil einen weiteren Nachteil auf – die Betriebsgröße beträgt oft nur einen Bruchteil von denen der EWG-Konkurrenz. Diese Betriebsgröße spielt auch national eine nicht unbedeutende Rolle in der Weinbaupolitik. Auch innerhalb der Bundesrepublik lassen sich deutliche Größenunterschiede bei den Weinbaubetrieben feststellen. An der Mosel und der Ahr ist die Betriebgröße aufgrund der Steilhänge oft viel kleiner als in Rheinhessen oder der Pfalz.

Diese regionalen Unterschiede sollten mit dem Weingesetz von 1969 ausgeglichen werden. Die geplante nationale Qualitätsweinregelung sah vor, dass die Einteilung der Weine in die unterschiedlichen Qualitätsstufen durch ein sensorisches Verfahren von statten gehen sollte. Speziell ausgebildete Prüfer sollten den jeweiligen Wein testen. Somit hätten Weine aus Steilhängen eine bessere Chance, ein hohes Prädikat und somit einen hohen Preis zu erlangen, als Weine aus Flachlagen. Die Tatsache, dass allen Beteiligten der Weinbranche und der Politik die Dringlichkeit, unter der ein neues Weingesetz zu schaffen war, bekannt war, wird durch die rasche und umfassende Einigkeit unter allen Beteiligten während des Gesetzgebungsprozesses zum Weingesetz von 1969 deutlich. Parteipolitische Gesichtspunkte – so scheint es – wurden in dieser Zeit weit häufiger hinter die sachbezogenen Entscheidungen zurückgestellt als dies in der Gegenwart der Fall ist.

Die zeitgleich ablaufenden Bemühungen der EWG um eine gemeinsame Regelung des europäischen Weinmarktes widersprachen zunächst diesen und anderen geplanten nationalen Normen. Da die Gemeinsame Weinmarktordnung der EWG im Rahmen einer Verordnung erlassen werden sollte, hatte das neu entstandene Weingesetz keine Chance verwirklicht zu werden – es gab zu viele Widersprüche zu den EWG-Regelungen.

Das Land mit der größten Weinanbaufläche – Rheinland-Pfalz – sprach sich bis zum Schluss gegen die Gemeinsame Weinmarktordnung aus. Sein Weinbauminister Otto Meyer sprach von einer das Sozial- und Wirtschaftgefüge des Landes gefährdenden Regelung. Die EWG sah nämlich vor, die Qualitätsweinherstellung nur auf vorher festgelegten Flächen zu erlauben. Diese Einteilung hätte Deutschland enorme Nachteile gebracht, da dem Land aufgrund der klimatischen Gegebenheit nur wenige Qualitätsweinflächen zugeteilt worden wären. Allerdings konnten die deutschen Verhandlungsführer einen Kompromiss erreichen. Die nationale Qualitätsweinprüfung konnte weiter bestehen bleiben.

Da das nun neu geschaffene Weingesetz im Hinblick auf die EWG-Bestimmungen keinen Bestand haben würde, musste der deutsche Gesetzgeber erneut tätig werden. Die EWG-Weinmarktordnung wurde, auf mehrheitlichen Wunsch der beteiligten Länder, im Rahmen einer Verordnung geregelt. Die deutsche Regierung hatte zusammen mit der luxemburgischen versucht, die Weinmarktordnung auf der Basis einer Richtlinie entstehen zu lassen - diese Versuche schlugen jedoch fehl. Eine Verordnung nimmt im Gegensatz zu einer Richtlinie unmittelbar höheres Recht ein, als die jeweiligen nationalen Normen.

Am 6. November 1970 machte das damals zuständige Bundgesundheitsministerium erstmals Aussagen über ein neues Weingesetz. Der erste Referentenentwurf folgte am 1. Dezember 1970. Bereits einen Tag später begann in Bonn eine Diskussionsrunde mit den Vertretern der Beteiligten. In dieser ersten Gesprächsrunde konnte das Bundesland Rheinland-Pfalz einige seiner Forderungen durchsetzen. So wurden auf Drängen des Bundeslandes die Mindestmostgewichte für Qualitätsweine herabgesetzt. Hierdurch sei es einfacher, mehr deutschen Wein in die besser bezahlte Qualitätsweinsparte zu bekommen, so der rheinland-pfälzische Weinbauminister Meyer. Die Durchsetzungskraft erreichte das Bundesland aufgrund seiner sehr gut organisierten Ministerialbürokratie in Sachen Weinbau. Anders als in den anderen Bundesländern hatte die rheinland-pfälzische Regierung in Mainz ein eigenes Weinbauministerium eingerichtet, das mit Fachmännern aus der Weinbaubranche besetzt war und nicht zuletzt auch durch das persönliche Engagement des jeweiligen Weinbauministers gestützt wurde.

An dieser Gesprächsrunde nahmen neben den weinbaubetreibenden Bundesländern auch die Verbände der Weinbranche teil. Hierdurch war es dem federführenden Gesundheitsministerium möglich, frühzeitig alle Wünsche der Betroffenen zu hören und auf die jeweiligen Vorstellungen einzugehen.

Am 19. Februar 1971 wurde der Gesetzentwurf schließlich nach weiteren ausgiebigen Beratungen durch die Bundesregierung beim Bundesrat eingebracht. Der Entwurf wurde als besonders eilbedürftig eingestuft. Der Rechtsausschuss des Bundesrates stellte weiterhin die Zustimmungsbedürftigkeit des Gesetzes fest. Den Vorsitz im Agrarausschuss hatte Weinbauminister Otto Meyer (Rheinland-Pfalz) inne, dem Unterausschuss Weinrecht saß ebenfalls ein Beamter der Mainzer Weinbehörde vor.

Die eilbedürftige Einstufung des Gesetzentwurfs machte eine Einbringung beim Bundestag ohne die Stellungnahme des Bundesrates möglich. Somit konnte die erste Beratung bereits am 24. März 1971 stattfinden. Aufgrund der großen Wählerdichte bei den Landwirten und somit auch bei den Winzern und den bevorstehenden Landtagswahlen in Rheinland-Pfalz und Baden-Württemberg konnten sich die Abgeordneten keine Fehler bei der Bearbeitung dieses Gesetzes erlauben, ohne sich hierdurch den Unmut einer großen Anzahl potenzieller Wähler einzuhandeln. Allerdings wies der Bundestag an sich nur eine geringe Kompetenz in Sachen Wein auf. Unter den 518 Abgeordneten fanden sich lediglich 32 Landwirte, denen man sicherlich eine gewisse Sachkompetenz nicht abstreiten kann.

Anders sah es in den Ausschüssen, in denen die eigentliche gesetzgeberische Arbeit getan wird, aus. Hier war die Dichte der Abgeordneten, die man als für die Weingesetzgebung kompetent bezeichnen würde, größer. Der gemeinsame Unterausschuss von Ernährungs- und Gesundheitsausschuss, der Unterausschuss Weingesetz, wies eine sehr hohe Kompetenz in Sachen Weinbau auf. So zählten lediglich zwei der insgesamt 14 Abgeordneten nicht zur Kategorie ››Weinbaupolitiker‹‹. Auch das Land Rheinland-Pfalz konnte seine Vorherrschaft in Sachen Weinbaupolitik in diesem Unterausschuss durchsetzen, fünf Mitglieder stammten aus dem Bundesland, in dem 70 Prozent der deutschen Weinreben wuchsen. Diese ohnehin vorhandene Sachkompetenz der Mitglieder wurde im Laufe der Verhandlungen ergänzt durch Stellungnahmen des Deutschen Weinbauverbandes, des Bundesverbandes des Deutschen Wein- und Spirituosenhandels und des Stabilisierungsfonds für Wein, sowie zahlreichen Stellungnahmen regionaler Weinbauverbände.

Das Gesetz wurde am 13. Mai 1971 im Deutschen Bundestag bei zwei Enthaltungen angenommen. Da es als zustimmungsbedürftig eingestuft worden war, musste der Bundesrat abschließend darüber entscheiden, ob das neue Weingesetz in Kraft treten konnte. Die zuständigen Ausschüsse des Bundesrates sowie einige Bundesländer sprachen sich gegen die Annahme des Gesetzes aus. Auf Antrag von Bayern wurde am 4. Juni 1971 der gemeinsame Vermittlungsausschuss von Bundestag und Bundesrat angerufen. In seiner 7. Sitzung am 16. Juni 1971 wurden die Paragraphen 20, 40 und 63 neu verhandelt. Der Vermittlungsausschuss wies eine eher geringe Kompetenz in Sachen Wein auf. Lediglich Weinbauminister Otto Meyer und Staatssekretär Manger-Koenig lassen sich als Kenner der Szene ausmachen.

Am 24. Juni 1971 stimmte der Deutsche Bundestag dem Antrag des Vermittlungsausschusses zu. Auf seiner 369. Sitzung folgte auch der Bundesrat den Beschlüssen des Vermittlungsausschusses und stimmte mit Mehrheit für das Gesetz.

Dieses konnte durch Veröffentlichung im Bundesgesetzblatt am 16. Juli 1971 in Kraft treten.[258]

Das Ziel des Gesetzes war es nun also, den deutschen Wein aufgrund seiner herausragenden Qualität im Vergleich zu Wein aus anderen Ländern herauszuheben und somit den Absatz des nationalen Weines zu sichern. Weiterhin sollte das Gesetz den unrentableren Weinanbaugebieten in Deutschland das Überleben sichern. Dies sollte, so war es die Hoffnung der Weinbaupolitik in den 70er Jahren, durch die Erhaltung von nationalen Interessen, im Speziellen durch die Erhaltung der nationalen Qualitätsweinpolitik, ermöglicht werden.

Die folgende Zeit nach dem Erlass des Gesetzes verlief jedoch nicht in der Weise wie es sich die Weinbaupolitiker, die Verbände und auch die Winzer vorgestellt hatten. Mitte der 70er Jahre kam es - bedingt durch große Ernten - zu einem Preisverfall auf dem Weinmarkt, der bis zum heutigen Zeitpunkt angehalten hat. Mit der weitgehenden uneingeschränkten Öffnung des deutschen Marktes für ausländischen Wein erlebte die Weinwirtschaft Mitte der 80er Jahre einem Absatzrückgang. Dieser Einbruch lässt sich jedoch nicht nur durch die Öffnung des Marktes erklären. Hinzu kam der sich zunächst auf Österreich beschränkende Skandal um mit Glykol versetzte Weine – wie sich im Laufe der Ermittlungen herausstellte, waren auch deutsche Firmen an diesem die Weinwirtschaft erschütternden Skandal beteiligt. Ein enormer Imageschaden war die Folge.

Obwohl die Weinwirtschaft das Vertrauen der Verbraucher zu Beginn der 90er Jahre zurückgewinnen konnte und durch die Angliederung der DDR an die Bundesrepublik Deutschland ein neuer Markt entstanden war, konnten viele Winzerbetriebe keine Absatz- und Preissteigerung verbuchen. Der Deutsche Weinbauverband sprach von der schwierigsten Situation seit 30 Jahren. Die Konsequenz dieser wirtschaftlichen Situation war der Rückgang der Weinbaubetriebe in Deutschland.

Auch der Weinherbst 2002, in dem diese Arbeit fertig gestellt wurde, verspricht keine Besserung. Die ersten veröffentlichen Verkaufspreise decken einmal mehr nicht die Erzeugungskosten.

---

[258] Vgl. BGBl I vom 16. Juli 1971, S. 893.

Bedingt durch die immer niedrigeren Weinpreise lässt sich nun festhalten, dass sich die Ideen des in dieser Arbeit diskutierten Weingesetzes von 1971 nicht durchgesetzt haben.
Natürlich war es aus damaliger Sicht ein voller Erfolg, die deutschen Interessen – speziell die der Qualitätsweinprüfung – auch im Rahmen der EWG durchzusetzen. Dies gelang durch eine – zumindest damals noch vorhandene – Einigkeit unter den beteiligten Akteuren. Es ist die logische Folge, dass die jeweiligen Akteure zunächst auf ihren Vorstellungen zum Weingesetz beharrten. Allerdings lässt sich, wie es in der Arbeit deutlich wurde, Kompromissbereitschaft unter allen Beteiligten ausmachen. Genau dieser Kompromissbereitschaft ist die zügige und weitgehend sachgerechte Verabschiedung des Weingesetzes von 1971 zu verdanken, die eine rasche Eingliederung des deutschen in den europäischen Weinmarkt möglich gemacht hat. Eine Einschätzung, ob diese Eingliederung nun generell positiv zu bewerten ist, kann natürlich nicht Ziel der Arbeit gewesen sein. Dies würde eine grundlegende Debatte über die EWG bzw. die EU erfordern, deren Strukturen im Jahre 2002 nicht mehr rückgängig zu machen sind.

Rückblickend bleibt allerdings festzuhalten, dass die Ausrichtung der deutschen Weinbranche auf den vornehmlichen Anbau von Qualitätswein zu keinem positiven Ergebnis geführt hat. Dies wird an Hand der zahlreichen Statistiken der Weinbranche deutlich, die seit Jahren sinkende Betriebszahlen vermelden.
Doch wer oder was nun ursächlich für die Misere der Weinbranche verantwortlich ist, kann nicht eindeutig beantwortet werden. Die Öffnung des Marktes mag natürlich mit ein Grund für diese Entwicklung gewesen sein. Allerdings war diese Eingliederung in die EWG, wie bereits gesagt, nicht aufzuhalten. Somit muss der Umgang mit diesem geöffneten Markt als Grund für den schlechten Stand der Winzer heute verantwortlich gemacht werden. Fehlende Marketingstrategien, mangelndes Selbstbewusstsein der deutschen Winzer, übermäßige bürokratische Anforderungen oder die deutsche Bevölkerung, die es chic findet, ausländischen Wein zu trinken - all diese Faktoren spielen sicherlich eine nicht ganz unbedeutende Rolle bei der Suche nach dem Warum.

Ausblick

Trotz allem gilt es nun, die wenigen noch verbliebenen Winzerbetriebe zu erhalten. Einen umfassenden Katalog hierzu vermag diese Arbeit nicht zu geben. Einige Gedanken, die helfen könnten, den Weinbau in der Bundesrepublik Deutschland zu stabilisieren, sind jedoch folgende.

An erster Stelle müssen Politiker aber auch Verbände realisieren, dass nicht wenige große Winzerbetriebe, die ihren Wein ausschließlich auf der Flasche vermarkten, das Maß der Dinge sein können. Auch die Weingüter, die ihr Produkt im Fass an Kellereien verkaufen, müssen durch die Politik gefördert und durch die Verbände vertreten werden. Es nützt nichts, wenn die Vertreter der Winzer stolz von einem gestiegenen Weinkonsum berichten, ohne dabei die von den Winzern erzielten Preise im Auge zu behalten. Dem Rückgang des Preisniveaus kann nicht oder nur bedingt mit steigendem Absatz entgegengetreten werden – Preissteigerung ist das einzige Mittel, das langfristig die Betriebe schützen kann.

Denn mit dem enormen Preisrückgang gehen, wie bereits oben aufgezeigt, die Betriebszahlen stark zurück. Bemühungen, die Weinbauregionen noch stärker für den Tourismus zu erschließen – was sicherlich ein guter Ansatz ist – können nicht realisiert werden, wenn zahlreiche Hänge und Flächen brach liegen. Die Attraktivität der jeweiligen Flächen steht und fällt nämlich mit dem angebauten Wein bzw. den Weinreben. Die Bedeutung solcher touristischer Projekte zeigt zum Beispiel das im Jahre 2000 ins Leben gerufene *Calmont – Kloster-Stuben – Petersberg – Projekt*.[259] Im Rahmen dieses, in der gesamten Region einzigartigen Projektes, wurde die Kulturlandschaft des Moseltals für den Tourismus neu erschlossen. Eine Erhaltung und Förderung der Steillagenweinberge in diesem Gebiet ist Teil des Projektes.

Gerade solche Projekte zeigen wie wichtig gute Marketingstrategien sind. Die Betroffenen müssen sich darüber im Klaren sein, dass zusätzlich zu den eigenen Werbemaßnahmen nur eine gemeinsame Linie zu den ersehnten Absatzsteigerungen führen kann – gebündelte Interessen und Anliegen müssen einheitlich und professionell um-

---

[259] Hier handelt es sich um ein gemeinsames Projekt der Moselgemeinden Bremm, Neef und Ediger-Eller, sowie einigen Behörden. Im Rahmen dieses Projektes wird versucht, durch Anlegen von Wanderwegen in Mitten der steilsten Weinberge Europas und entlang historischer Stätten die Attraktivität der Region zu steigern. Professionell umgesetzt zeigt das Projekt erste Wirkung. Brachflächen werden wieder bewirtschaftet, finanzielle Zuschüsse machen die Sanierung einzelner historischer Gebäude möglich.

gesetzt werden. Hierzu können nur modernere Werbekonzepte als die bisherigen beitragen.

Wenn es Politik, Verbänden und Winzern nicht gelingt, einheitliche Wege zu gehen und gemeinsam Lösungsmöglichkeiten für die Probleme des Weinbaus zu finden, werden die Begriffe Wein und Deutschland in Zukunft sicherlich weniger eng miteinander verbunden sein.

6. Literaturverzeichnis

Ackermann, Paul: Der Deutsche Bauernverband im politischen Kräftespiel der Bundesrepublik. Die Einflussnahme des DBV auf die Entscheidung über den europäischen Getreidepreis, Tübingen 1970.

Ambrosi, Hans; Becker, Helmut (Hrsg.): Der Deutsche Wein, München 1978.

Andersen, Uwe; Woyke, Wichard (Hrsg.): Handwörterbuch des politischen Systems der Bundesrepublik Deutschland, Bonn 1997.

Damaschke, Kurt: Der Einfluss der Verbände auf die Gesetzgebung: am Beispiel des Gesetzes zum Schutz vor gefährlichen Stoffen (Chemikaliengesetz), München 1986.

Deutscher Weinbauverband e.V. (Hrsg.): 100 Jahre Deutscher Weinbauverband, Bonn 1975.

Geographisches Institut der Universität Mannheim (Hrsg. im Selbstverlag): Der Weinbau in Bad Dürkheim. Strukturwandel in Vergangenheit und Gegenwart, Mannheim 1986.

Görres-Gesellschaft (Hrsg.): Staatslexikon, Sonderausgabe der 7. völlig neu bearbeiteten Auflage, Freiburg 1995.

Isensee, Josef und Kirchhoff, Paul (Hrsg): Handbuch des Staatsrechts Bd. II. Demokratische Willensbildung - Die Staatsorgane des Bundes, Heidelberg 1987 bis 1992.

Koch, Hans-Jörg: Weingesetz, Neustadt 1970.

Koch, Hans-Jörg: Weingesetz. Kommentar, Frankfurt am Main 1990.

Koch, Hans-Jörg: Wein und Recht von A – Z. Vom Weinberg zur Weinprobe. 1. Auflage, München 1999.

Loewenberg, Gerhard: Parlamentarismus im politischen System der Bundesrepublik Deutschland. Aus dem amerikanischen übersetzt von Marianne Doerfel, Tübingen 1969.

Mengel, Hans-Joachim: Gesetzgebung und Verfahren: ein Beitrag zur Empirie und Theorie des Gesetzgebungsprozesses im föderalen Verfassungsstaat, Berlin 1997.

Ministerium für Landwirtschaft, Weinbau und Umweltschutz Rheinland-Pfalz (Hrsg.): Der deutsche Weinbau und die EWG, Mainz 1973/74.

Noelle, Elisabeth: Auskunft über die Parteien, Allensbacher Schriften Nr. 2, Allensbach, ohne Jahr.

Presse und Informationsamt der Bundesregierung (Hrsg.): Bonner Almanach 1970.

Renz, F und H. Neumann: Das neue Weinrecht. Weingesetz 1969 und zugehöriger Rechtsstoff, Stuttgart 1969.

Reuter, Konrad: Praxishandbuch Bundesrat: verfassungsrechtliche Grundlagen, Kommentar zur Geschäftsordnung, Praxis des Bundesrates, Heidelberg 1991.

Schick, Rupert; Zeh, Wolfgang: So arbeitet der Deutsche Bundestag. Organisation und Arbeitsweise – Die Gesetzgebung des Bundes. 13. Auflage, Rheinbreitbach 1999.

Schröder, Heinrich Josef: Gesetzgebung und Verbände: ein Beitrag zur Institutionalisierung der Verbandsbeteiligung an der Gesetzgebung, Berlin 1976.

Storm, Susann-Annette: Das Europäische Weinbezeichnungsrecht. Die Möglichkeiten, Grenzen und die Kontrolle des Weinbezeichnungsrechts in der Europäischen Union, Baden-Baden 1990.

Wehling, Hans-Georg: Die politische Willensbildung auf dem Gebiet der Weinwirtschaft – dargestellt am Beispiel der Weingesetzgebung, Göppingen 1971.

Weidner, Hans-Dieter: Der Begriff des Qualitätsweins und seine Bedeutung im deutschem und französischem Recht, Mainz 1963.

Archive:
Archiv des Deutschen Bundestags: Gesetzesmaterialien zum Weingesetz 1971.

Zeitschriften:
Allgemeine Deutsche Weinfachzeitung: unabhängige Wochenzeitschrift für die Wein-, Sekt- Spirituosenwirtschaft. Mainz; Neustadt/Weinstraße. Jahrgänge 1971 bis 1976.

Der Deutsche Weinbau: Organ des Deutschen Weinbauverbandes und seiner Mitgliederverbände; Fachzeitschrift für Weinbau, Kellerwirtschaft und Weinvermarktung. Neustadt/Weinstraße. Jahrgänge 1960 ff.

Das Deutsche Weinmagazin: unabhängige Fachzeitschrift für Weinvermarktung, Kellerwirtschaft und Weinbau. Mainz. Jahrgänge 1993 ff.

Das Weinblatt: allgemeine deutsche Weinfachzeitung. Weinblattbücherei für den Berufstätigen im Weinfach. Neustadt/Weinstraße Jahrgänge 1961 bis 1970.

Die Weinwirtschaft / Markt. Neustadt/Weinstraße; Mainz. Jahrgänge 1975 bis 1978.

Institut für Weinrecht der Gesellschaft für Rechtspolitik (Hrsg.): EWR – Schriftenreihe zum europäischen Weinrecht. Trier. Jahrgänge 1979 – 1984.